하나의 글자에 이렇게 깊은 뜻이!

 한자를 공부하는 책인가요?

그렇기도 하고 아니기도 해요. 한자 이야기를 하면서
인물 이야기도 하고 철학이나 역사 이야기도 하니까요.
한자 속 다양한 이야기를 통해 자기 자신을 돌아보고
바른 인성을 키울 수 있어요.

- 어떻게 봐야 하는지를 알려 주는 **볼 견 見**
- 배움의 자세를 알려 주는 **익힐 습 習**
- 반성의 중요성을 알려 주는 **부끄러울 치 恥**
- 생각하는 방법을 알려 주는 **생각 사 思**
- 소통과 우정에 대해 알려 주는 **믿을 신 信**
- 인내의 위대함을 알려 주는 **참을 인 忍**
- 진짜 용서의 의미를 알려 주는 **용서할 서 恕**

73190

9 788958 076834
ISBN 978-89-5807-683-4
값 13,000원

⚠ 주 의
던지거나 떨어뜨려 다치지
않도록 주의하시오.

KC마크는 이 제품이 공통안전기준에 적합하였음을 의미합니다.

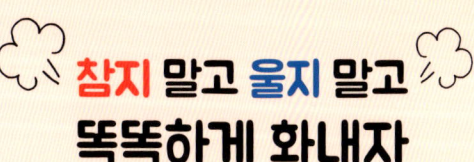

참지 말고 울지 말고
똑똑하게 화내자

★ ★ ★

화 잘 내는 법 + 별책부록 포함

시노 마키, 나가나와 후미코 글 | 이시이 유키 그림
김신혜 옮김 | 120쪽 | 13,000원

화에 휘둘리면 인간관계를 잘못 맺거나 더 잘할 수 있는 일을 그만두어 버리게 된다. 화를 제대로 알고 표현하는 훈련은 건전한 사회를 위해서도 꼭 필요하다. 이 책은 어린이가 화의 감정을 대면하고 화를 잘 다룰 수 있도록 도와주기 위한 것이다. 또래들의 경험담을 실어 공감을 이끌어 내고, 화 잘 내는 법을 익힌 뒤에 그 방법대로 연습해 볼 수 있게 하였다.

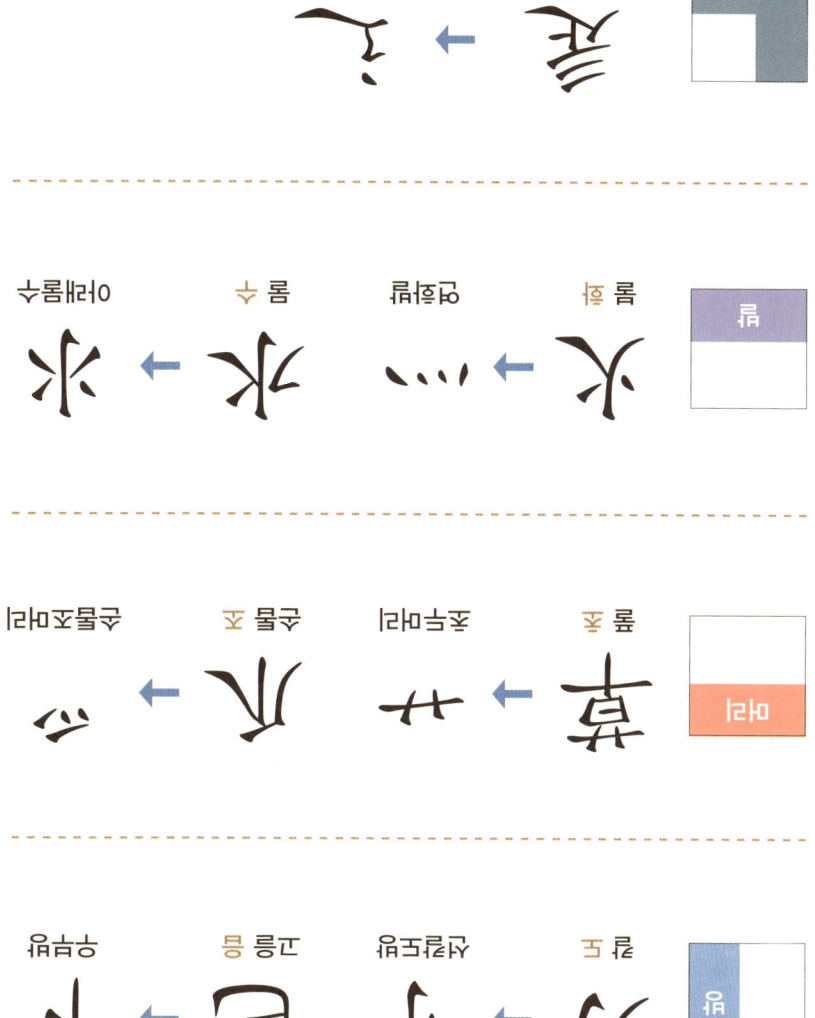

부수에서 또 하나 기억할 것은 부수의 위치와, 일부 한자는 부수로 쓰일 때 모양이 조금 달라진다는 거예요. 부수의 위치는 8가지로 나뉘어요. 글자 왼편에 오면 '변', 오른편에 오면 '방', 글자 위쪽은 '머리', 아래쪽은 '발', 위와 왼편으로 이어 쓰면 '엄', 왼편과 아래로 이어 쓰면 '받침', 글자를 둘러싸면 '몸', 그리고 글자 자체가 부수가 되면 '제부수'라고 하지요.

예를 들어 '사람 인人'이 글자의 왼쪽에 오게 되면 '사람인변'이라고 부르는 식이에요. 그런데 이때 부수의 모양이 원래 글자에서 조금 변하는 경우가 있어요. '사람 인人'은 '사람인변亻'으로 모양이 바뀌지요. '마음 심心'도 변이 되면 '심방변忄'으로 모양이 바뀌고 말이에요. 이번 기회에 부수를 알아 두면 한자를 더 쉽게 익힐 수 있어요. 알아 두면 두고두고 편하니까 한번 공부해 보세요.

부수

'생각 사思'는 '밭 전田'과 '마음 심心'이 어우러져 만들어진 한자에요. 두 개 이상의 한자가 어울려 새로운 한자를 만드는 것을 회의 문자, 형성 문자라고 했지요? 그리고 이렇게 만들어진 한자가 굉장히 많다고도 했어요. 그러다 보니 한자에는 '부수'라는 것이 있어요. 많은 한자를 쉽게 정리할 수 있게 하는 기준이 되지요. 부수는 한자를 사전에서 찾을 때 기준이 되는 글자를 말해요. 부수는 보통 그 글자에서 중요한 의미를 나타내고, 한자는 부수를 통해 분류가 되지요. 한자의 부수는 200여 개가 있어요. 그중 많이 쓰이는 부수 수십 개만 익혀 두면 모르는 한자를 사전에서 찾아볼 때 훨씬 수월해요. 그리고 부수의 뜻을 통해 그 글자의 뜻을 유추해 볼 수 있어요.

'생각 사思'를 예로 이야기하면 생각 사의 부수는 '마음 심心'이에요. 한자 사전에서 '思'의 뜻을 찾아보려 한다면 '마음 심心'을 부수로하는 글자를 찾아보면 되는 거예요. 그리고 글자가 '마음 심心'을 부수로 한다는 것은 마음과 관련이 있는 글자라는 걸 예상할 수 있어요. 실제로 생각은 마음과 관계가 있잖아요. '사상思想' 할 때 상은 '생각 상想' 자인데 상 자의 부수도 '마음 심心'이에요. 부수가 주로 뜻에 관여한다고 했는데 정말 그렇지요?

130 — 나를 들여다보는 한자

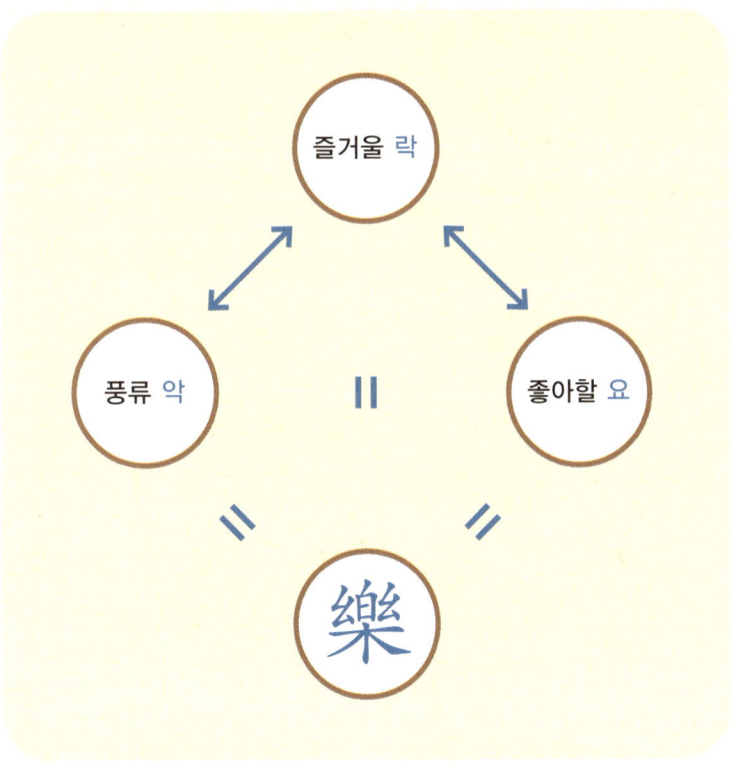

한자의 속살 — 129

해요. 미국의 화폐 단위는 달러(dollar)예요. 그리고 달러를 간편하게 '$'로 나타내는데 이 모양과 닮은 한자인 불弗을 사용하여 1달러를 1불로 읽곤 하지요. 가차를 통해 한자가 더 다양하게 쓰이는 거예요.

프랑스   ⟶   佛蘭西(불란서)

이탈리아   ⟶   伊太利(이태리)

1$ ⟶   1弗(불)

한자의 변신은 가차뿐이 아니에요. 한자에는 '전주轉注'라는 것이 있어요. 전주는 이미 있던 글자에서 뜻을 확대하고 유추하여 다른 뜻의 한자로도 쓰는 거예요. 전주의 대표적인 글자는 '풍류 악樂'이지요. '풍류 악樂'은 처음에 현악기를 연주하는 사람의 모습을 본떠서 만들었어요. 그래서 음악音樂, 악기樂器 같은 한자어에 쓰였지요. 그런데 음악을 연주하면 어떨까요? 기분이 좋아지겠지요? '풍류 악樂'은 '즐거울 락樂' 자가 되었어요. 그래서 오락娛樂, 낙원樂園이란 한자어가 만들어졌지요. 사람들은 오락과 낙원을 어떻게 생각할까요? 오락과 낙원을 싫어할 사람이 있을까요? 그래서 '즐거울 락樂' 자는 '좋아할 요樂' 자로도 쓰였어요. '풍류 악樂'이 뜻으로 연결되어 서로 다른 소리를 내는 한자가 된 거예요. 고리타분할 것만 같은 한자가 변신 로봇처럼 다양하게 변하지요?

128 — 나를 들여다보는 한자

# 가차와 전주

우리나라 한글은 소리글자라서 세상 거의 모든 소리를 글자로 나타낼 수 있어요. 원어민 발음과는 조금 차이가 있지만 서양 철학자의 이름인 '소크라테스'도 바로 글로 적을 수 있지요. 소리를 글로 나타내기 때문에 자음 19개, 모음 21개만 익히면 우리말을 하지 못하는 외국인이라도 소리 내서 우리글을 읽을 수 있어요. 그래서 한글을 배우기 쉽다고 하고, 과학적이라고 하는 거예요. 그럼 한자는 소리를 어떻게 나타낼까요?

이탈리아를 '이태리'라고 부르고, 프랑스를 '불란서'라고 하는 걸 들어 봤지요? 중국에서는 원래 소리와 비슷한 한자를 가져다가 문자로 쓰곤 하지요. 이것을 '가차假借'라고 해요. 한자는 글자마다 뜻을 가진 글자지만 마땅히 그 뜻을 나타낼 한자가 없을 때는 원래 가진 뜻과 상관없이 한자를 이용하여 나타내지요. 프랑스를 나타낼 마땅한 한자가 없으니 가장 비슷한 발음이 되는 '불란서佛蘭西'로 쓰고, '이태리伊太利'도 마찬가지예요. 가차는 주로 소리를 비슷하게 내기 위해 사용하지요. 한국 문화에 관심이 많은 중국인들은 우리말 '사랑해'를 '沙浪海(사랑해)'로 써서 읽기도 해요.

그런데 가끔은 소리가 아니라 생김새에 따라 한자를 빌려 쓰기도

한자의 속살 ― 127

雨 + 云 = 雲

비 우   이름 운   구름 운

뜻   소리

水 + 每 = 海

물 수   매양 매 → 해   바다 해

뜻   소리

心 + 則 = 惻

마음 심   바로 즉 → 측   슬퍼할 측

뜻   소리

형성 문자

한자는 이미 있는 한자 두세 개가 어우러져 새로운 한자를 만든다고 했지요? '부끄러울 치恥'도 '귀 이耳'와 '마음 심心'이 어우러져 만들어졌어요. 이렇게 두 글자의 뜻이 어우러져 새롭게 만들어진 글자를 회의 문자라고 설명했어요. 그런데 한자는 또 다른 방법으로 새로운 문자를 만들기도 해요. 이미 만들어진 글자의 뜻과 음을 합하여 글자를 만드는 거예요. 앞에 나왔던 측은지심惻隱之心의 '슬퍼할 측惻' 자는 '마음 심心'과 '바로 즉則' 자가 어울려 만들어졌어요. 슬퍼하는 건 마음에서 느껴지는 거잖아요. 그래서 '마음 심心(忄)'은 슬퍼하는 마음을 뜻해요. 그리고 즉則은 '측'으로 바뀌어 소리가 되지요. 그러니까 '슬퍼할 측惻' 자는 '뜻'을 나타내는 심心(忄)과 '소리'를 나타내는 즉則이 모여서 만들어진 거예요. 소리와 뜻을 더해 새로운 한자를 만들어 내는 거지요. 이런 방법으로 만들어진 글자를 형성 문자라고 해요.

한자에는 형성 문자가 아주 많아요. 전체 한자의 70퍼센트가 형성 문자일 정도지요. 한자를 잘 모르지만 왠지 어떤 뜻일 것 같고, 어떤 소리로 읽을 것 같은 느낌이 드는 것은 한자가 이런 방법으로 많이 만들어졌기 때문이에요.

한자의 속살 — 125

田 + 力 = 男
밭 전　　힘 력　　사내 남

人 + 木 = 休
사람 인　　나무 목　　쉬 휴

어때요? 한자의 원리를 알고 나니 한자가 한결 친근해지지요? 어쩌면 여러분도 이런 식으로 한자를 만들 수 있을지 몰라요. 실제로 그렇게 만들어진 한자들이 꽤 있어요. 그래서 중국에는 없고 우리나라에만 있는 한자도 있답니다.

우리나라에는 논을 이르는 한자로 '논 답畓' 자가 있어요. 논농사는 밭농사보다 훨씬 물이 많이 필요해서 '밭 전田'에 '물 수水'를 넣어 '논 답畓' 자가 되었지요. 그런데 중국에서는 논을 수전水田으로 써요. 우리나라와 다르지요? 우리나라에서 새롭게 한자를 만들어 답畓으로 썼기 때문이에요.

124 — 나를 들여다보는 한자

한자가 어떤 글자로 이루어졌는지 살펴서 그 뜻을 유추해 볼 수 있는 거지요.

$$田 + 力 = ?$$

밭 전   힘 력

$$人 + 木 = ?$$

사람 인   나무 목

'밭 전田' 자와 '힘 력力' 자가 만났어요. 어떤 글자일까요? 옛사람들에게 밭일은 매우 중요했어요. 그런데 밭에서 힘을 쓰고 있네요. 이건 '사내 남男' 자예요. 농사일에 힘썼던 남자들의 역할을 통해 '사내 남男' 자를 만든 거지요. '사람 인人'과 '나무 목木'은 어떨까요? 사람이 나무 아래에서 쉬는 거예요. 그래서 '쉴 휴休' 자가 되었지요.

한자의 속살 — 123

 회의 문자

한자는 처음 사물의 생긴 모양을 본떠서 만들었다고 했지요? 이것을 상형 문자라고 하고요. 그런데 이런 글자만 가지고는 사람의 말과 생각을 문자로 다 나타낼 수 없어요. 그래서 만들어진 것이 회의 문자예요. 회의 문자는 이미 만들어진 글자 두세 개로 만든 글자예요. 문자가 어우러져 새로운 글자가 만들어진 거지요. '깃 우羽'와 '흰 백白'으로 '익힐 습習'을 만든 것처럼 말이에요. 그러다 보니 회의 문자는 글자에 사람들이 가진 생각까지 담겨 있어요.

'좋아할 호好' 자는 '여자 여女'와 '아들 자子'가 모여서 만들어진 글자예요. 여기서 여女는 어머니를 뜻하고, 자子는 자식을 뜻하는데 어머니가 자식을 안고 있는 모양새의 글자가 '좋다'는 의미의 호好 자가 된 거예요. 어머니의 자식 사랑은 이유 없이 그저 좋아하는 것이기 때문이지요. 이렇게 한자 한 글자에는 많은 의미가 담겨 있지요. 그래서 한자는 몇 글자만으로도 문장이 될 수 있어요. 글자 자체에 의미가 담겨 있기 때문이지요.

그리고 한자는 이런 방법으로 글자를 만들기 때문에 점점 글자 수가 늘어날 수 있었어요. 글자를 익히는 우리도 이런 원리를 알고 나면 한자를 더 쉽게 익힐 수 있어요. 잘 모르는 한자를 보더라도 그

어때요, 아주 쉽지요? 한자는 이렇게 시작되었어요. 그리고 상형 문자와 비슷한 방법으로 지사 문자를 만들었어요. 지사 문자는 눈에 보이지 않는 생각이나 상태를 나타내기 위해 만들어진 글자예요. 위와 아래를 나타내기 위해 '위 상上'과 '아래 하下' 자를 만드는 식이지요. 선 위에 점을 찍어 위를 나타내고 아래에 점을 찍어 아래를 나타내는 거예요.

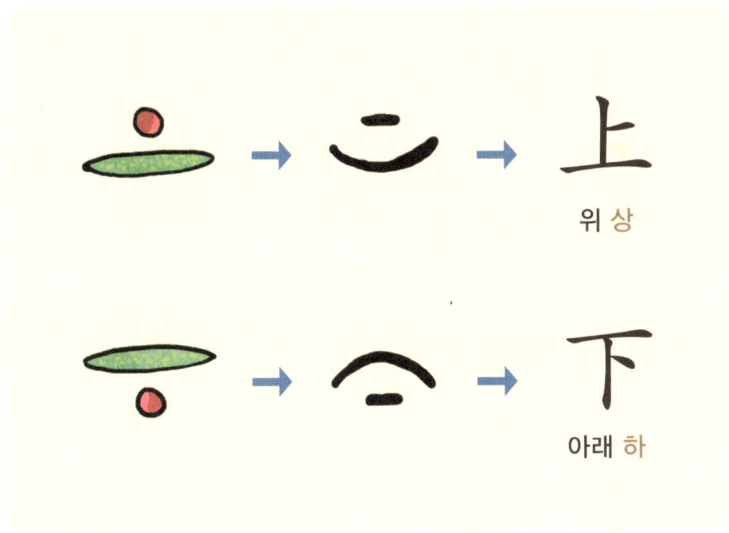

위 상

아래 하

한자의 속살 — 121

상형 문자와 지사 문자

한자는 처음에 어떻게 만들어졌을까요? 처음부터 복잡하게 만들어지지는 않았을 거예요. 아주 오래전, 처음 문자를 만들 때 사람들은 실제 모양을 본떠서 만들었어요. 이것을 상형 문자라고 해요. 한자도 바로 이런 방법으로 만들어졌어요. 사람의 눈 모양을 본떠서 '눈 목目'을 만들고, 하늘에 떠 있는 달을 보고 그 모양을 그림으로 그리다가 '달 월月' 자를 쓰고, 날아다니는 새를 그림으로 그리다 간결하게 줄여서 '새 조鳥' 자를 만들었지요.

120 — 나를 들여다보는 한자

한자는 어떤 글자일까요?

한자는 중국의 문자입니다. 우리에겐 뛰어난 문자인 한글이 있지만 한글이 만들어지기 이전부터 한자를 써 왔기 때문에 우리의 말과 글에는 한자가 깊숙이 자리하고 있지요. 우리가 사용하는 말의 약 70퍼센트가 한자로 이루어져 있고, 전문 용어의 경우에는 90퍼센트 이상이 한자예요. 그래서 한자어를 잘 알게 되면 글을 읽고 쓸 때도, 학교 공부를 하는 데에도 도움이 많이 되지요. 그런데 한자를 공부하는 건 쉽지 않아요. 한자어는 한글처럼 쉽게 익혀지지 않기 때문이지요.

중국에는 제대로 알 수 없는 것이 두 가지가 있다고 해요. 하나는 인구수이고, 다른 하나는 한자의 수라고 하지요. 13억 명이 넘는 중국 인구는 인구수를 조사하는 사이에도 빠르게 늘어나기 때문에 정확한 수치를 알기 어렵고, 한자는 필요에 따라 만들어지기 때문에 실제로 글자 수가 몇 개인지 알 수 없는 거지요. 그렇다고 너무 좌절하지는 말아요. 한자가 만들어진 원리를 알면 한결 수월하게 한자를 배울 수 있으니까요.

한자의 속살 — 119

:부록:

한자의 속살

누구나 차별받지 않고 인간답게 살 권리가 있는 것입니다. 한자 한 글자, 한 글자를 통해 나를 돌아보는 것은 결국 모든 사람이 더 좋은 사람이 되고, 더 잘 어울려 살기 위함이라는 생각이 듭니다. 서恕를 통해 내 마음을 다스렸다면 그것을 세상살이에도 적용하기 바랍니다.

하는 것으로 다른 사람의 말을 너그럽게 받아들이는 것, 혹은 용서하는 것을 의미합니다. 관용의 마음은 사람 사이의 관계를 부드럽게 만들고 다툼을 없애 줍니다.

이를 강조한 철학자로는 겸애를 주장한 묵자가 있습니다. 묵자가 강조한 겸애兼愛는 '겸할 겸兼'과 '사랑 애愛'가 합쳐진 말입니다. 겸한다는 것은 아우르고 포용하는 것을 말합니다. 그러니까 겸애는 특정한 사랑이 아니라 넓게 아우르는 사랑인 것입니다. 묵자의 겸애사상兼愛思想은 나와 남을 구별하지 않고 모두 평등하게 대하고, 사랑하는 것입니다. 나와 남이 다르지 않음을 인정할 때 가능한 것이지요.

예로부터 중요하게 생각했던 이런 생각은 오늘날에 와서는 인권人權으로 발전하였습니다. 인간은 모두 소중하기 때문에 인간이라면

恕 와 관련된 한자어

容恕(용서) 죄나 잘못을 꾸짖지 않고 너그럽게 보는 것.
寬恕(관서) 너그럽게 용서하는 것.
寬容(관용) 잘못을 너그럽게 받아들이거나 용서하는 것.
兼愛(겸애) 구별하지 않고 모든 사람을 사랑하는 것.
人權(인권) 인간이라면 누구나 태어나면서부터 가지는 권리.

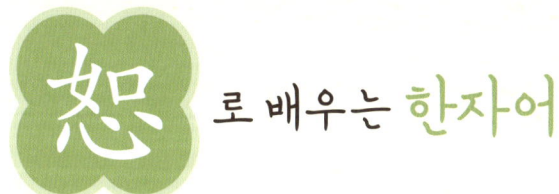 恕 로 배우는 한자어

'용서할 서恕'는 '같은 마음'에서 시작된 글자입니다. '같을 여如'와 '마음 심心'으로 이루어져 '네 마음과 내 마음이 다르지 않다'는 뜻이지요. 이 생각으로 우리는 서로를 용서하고 배려하게 됩니다. 그리고 다툼 없는 평화를 만들지요. '용서할 서恕'를 통해 그런 마음이 담긴 한자어를 익혀 볼까요?

'용서할 서恕'의 의미를 그대로 담은 한자어로는 용서容恕가 있습니다. 용서에 쓰인 '얼굴 용容'은 '용납하다'는 뜻도 담고 있어서 용서한다는 의미를 강조하고 있지요. 이와 비슷한 말로는 관서가 있습니다. 관서寬恕는 '너그러울 관寬'에 '용서할 서恕'를 합해서 너그럽게 용서하는 것을 뜻합니다. 그리고 용서와 관서의 두 앞 글자를 붙여서 관용寬容이란 한자어를 쓰기도 합니다. 관용은 너그럽게 용납

내 마음과 네 마음이 같으면 — 115

"세상에 왜 난리가 나는지 고민해 보라. 그것은 서로 사랑하지 않기 때문이다. 힘 있는 자가 남의 집안을 어지럽히고, 왕이 남의 나라를 공격하는 까닭도 그렇다. 모든 사람이 서로 아끼고 사랑한다면 불효자가 생기겠는가? 서로 사랑한다면 상대를 괴롭히겠는가? 서로 사랑한다면 누가 다른 나라를 공격하겠는가?"

묵자는 일을 해결하는 데 있어서도 '물로 물을 막지 말고, 불로 불을 막지 말라'고 했어. 겸애라는 건 복수하고 응징하는 것이 아니야.

오늘날 세상은 '지구촌'이라고 불려. 세계인들이 국적이나 인종으로 나뉘지 않고 어울려 살고 있다는 뜻이지. 하지만 여전히 사람들은 국적으로, 인종으로, 성별로, 장애로 차별받고 있어. 이런 문제는 어떻게 풀어야 할까? 세상의 수많은 문제들을 풀어내는 방법을 고민할 때 가장 먼저 꼽아야 할 것은 지금 우리가 살펴본 서恕, 네 마음과 내 마음이 같다는 것이 아닐까 싶어. 사람 사이의 갈등이 생길 때 서恕를 먼저 떠올려 보자고.

동서양을 막론한 모든 종교에서 가장 중요하게 여겼어. 공자와 같은 시대를 살았던 묵자라는 철학자도 '겸애兼愛'를 사람이 가져야 할 첫 번째 마음이라고 했지. 겸애에 쓰인 겸兼은 '둘러싸다, 포용하다'는 뜻을 가지고 있어. 그리고 애愛는 '사랑하다'는 뜻이야. 그러니까 겸애는 특정한 사랑이 아니라 모든 것을 포용하는 사랑을 말해. 주위 모든 것을 사랑하는 거지. 그래서 묵자는 이런 말을 했어.

거나 박해받지 않을 자유와 권리도 포함이 되기 때문에 제도와 법이 달라질 때마다 인권 문제를 고민해야 하지.

인권에 대한 고민이 시작된 건 1215년 영국의 '대헌장'부터라고 해. 대헌장은 영국 왕의 잘못된 정치에 분노하여 왕의 권리를 제한하고 국민의 자유와 권리를 보장하는 법률 문서야. 대헌장에는 '국민은, 법률과 시민들의 합법적인 판결이 없이는 체포되거나 감옥에 갇히거나 재산을 빼앗기거나 추방당하거나, 어떤 식으로든 괴롭힘을 당하지 않을 권리가 있다'고 쓰여 있어. 왕의 권력으로 개인을 함부로 할 수 없게 한 거야. 하지만 여기에서 가리키는 '국민'은 우리가 생각하는 모든 국민은 아니란다. 당시 국민에는 재산을 가진 남성들만 해당되지. 대헌장 제54조에는 '어떤 사람의 사망에 대하여 여자가 낸 고소, 고발로는 누구도 체포되거나 감옥에 갇히지 않는다. 다만 숨진 사람이 남편일 경우는 제외한다'고 쓰여 있어. 여성은 남성과 같은 사람이 아니었던 거지. 그럼 아이는 어땠을까? 아이의 인권에 대한 언급은 찾아볼 수도 없어. 인권의 시작이 오늘날 관점에서 보면 오히려 인권 침해를 하고 있는 모습이지. 그래서 인권에 대한 고민은 시대와 제도, 법에 따라 계속되어야 하는 거야.

그런데 인권 문제가 법과 제도만으로 완성될 수는 없는 것 같아. 사람마다 마음속에 인권 의식을 가져야 하지. 그건 인간을 소중히 하고 사랑하는 마음일 거야. 인간을 소중히 하고 사랑하는 마음은

게 맞고 다칠 때도 그들을 설득하려는 노력을 할 뿐이었지. 간디의 이런 행동은 폭력보다 더 강한 힘을 발휘했어. 폭력 대 폭력으로 싸웠다면 강대국 영국에게 지고 말았겠지만 폭력은 비폭력을 이길 수 없었어. 폭력은 눈에 보이는 힘만 발휘하지만 비폭력은 눈에 보이지 않는 힘을 내뿜었거든. 간디는 차별과 폭력을 사랑과 비폭력으로 감싸 안았어. 그러자 차별과 폭력은 부끄러운 일이 되었고, 사람들은 사랑과 비폭력을 우러러보게 되었던 거야. 결국 간디의 비폭력 운동은 인도에서 영국을 몰아냈지. 오늘날 영국에는 간디를 기리는 동상이 있어. 영국인들이 폭력을 쓰지 않는, 생명을 존중하는 간디의 정신을 따르기 위해 동상을 세운 거지.

서恕에 대한 생각은 인권人權으로 이어질 수 있어. 내 마음과 네 마음이 다르지 않다는 것은 곧 인간이 서로 다르지 않다고 말할 수 있지. 인간은 누구나 존중받아 마땅하다는 이야기가 되고 말이야. 인간을 소중히 여기는 것, 이런 생각으로 '인권'이라는 것이 생겨났지.

인권은 인간이 태어나면서부터 가지는 기본적인 권리를 뜻해. 인권에는 인간이 최소한 인간다운 삶을 살 수 있는 기본적 권리가 포함돼. 멋진 옷을 입고, 좋은 집에서 맛난 것을 먹지는 않더라도 인간으로서 수치심이 들지 않게, 생명에 위협을 느끼지 않게 입고 먹고 살수 있는 권리가 기본적 인권이지. 그리고 사회 제도와 법으로 차별받

하지만 어린 간디는 말썽꾸러기였어. 하인의 돈을 훔치기도 하고, 형의 시계에 붙은 금을 떼어 팔아서 용돈으로 쓰기도 했지. 그게 잘못이란 걸 알면서도 하고 말았어. 그러던 어느 날, 간디는 아버지에게 자신의 잘못을 고백했어. 크게 혼날 걸 각오하고 말이야. 하지만 간디의 아버지는 혼내기는커녕 눈물을 흘리며 간디에게 다시는 그런 짓을 하지 말라고 타일렀다고 해. 아버지의 용서에 더 큰 반성을 한 간디는 어른이 되어서도 부모님의 가르침을 잊지 않았어.

변호사가 된 간디는 남아프리카공화국에서 일을 하기 시작했어. 그런데 남아프리카공화국은 인종 차별이 심한 곳이었어. 황인종인 간디는 돈이 있어도 기차에서 백인종이 타는 칸에는 탈 수 없었어. 백인을 제외한 다른 인종들은 화장실도 제대로 갖춰 있지 않은 삼등 칸에 타야만 했지. 백인들이 탄 칸에 타려고 하면 번번이 기차에서 쫓겨났어. 간디는 그들이 밀치고 떠미는 폭력을 써도 함께 폭력으로 맞서지 않았어.

간디의 비폭력은 민족 운동에도 그대로 이어졌어. 간디의 조국 인도는 영국의 식민지가 되었어. 우리나라가 일본에 나라를 빼앗긴 것처럼 인도에도 그런 일이 있었지. 간디는 나라를 지키기 위해 민족 운동에 나섰어. 영국의 식민지 정책에 저항하는 거야. 영국의 군인과 경찰은 민족 운동 하는 인도 사람들을 감옥에 가두고 때리는 등 탄압했지. 하지만 간디는 그럴 때도 폭력으로 맞서지 않았어. 아프

내 마음과 네 마음이 같으면 — 109

꿔서 생각하라는 뜻이야. 나를 욕했던 친구의 입장이 되어 왜 그랬는지 생각해 보는 거지. 내가 네가 되어 생각하면 절대 이해 못 할 일도 없는 거야. 너무 밉고 화가 나는 상대가 있다면 긴 숨 한 번 쉬고 그 사람의 입장이 되어 생각을 펼쳐 봐. 친구도, 엄마도, 아빠도, 언니, 누나, 형, 오빠도 이해하기가 더 쉬워질 거야.

옛사람들은 언제나 어떻게 살 것인가의 문제를 깊이 고민했어. 그리고 잘 살기 위해 자신의 인성을 갈고 닦았지. 그런데 이때 말하는 인성은 자신을 가꾸는 것에서 멈추지 않아. 남을 높이고, 주위를 살피며 살아야 자신도 제대로 설 수 있다고 보지. 인간은 혼자 사는 존재가 아니잖아. 그래서 당장 눈에 보이는 결과에 연연하지 않고, 인간다움을 위해 참고 노력하지. 너와 내가 다르지 않다는 생각을 하는 것이 그 출발점이자 도착점이 될 거야.

간디는 그런 노력을 기울인 대표적인 사람이라고 할 수 있어. 간디는 어릴 적부터 부모님으로부터 비폭력非暴力에 대한 이야기를 많이 듣고 자랐지. 폭력暴力은 '난폭할 폭暴'에 '힘 력力'이 합쳐진 말로 난폭한 힘을 뜻해. 그러니까 힘으로 사람을 때리는 거야. 비폭력은 폭력에 '아닐 비非'를 붙여서 사람은 물론 어떤 생명체도 함부로 죽이거나 폭력을 가해서는 안 된다는 거지. 이건 내가 폭력을 당하고 싶지 않은 마음이니 당연한 거였어. 그리고 비폭력에서 시작되는 이 마음은 생명을 존중하는 마음으로 이어지는 것이었고.

수 있다는 걸 의미해. 더러운 쓰레기를 치워야 할 상황에 처했을 때 내가 더럽고 귀찮게 느껴지기 때문에 상대도 그럴 것이라는 마음으로 기꺼이 자신이 그 일을 하는 거지. 꺼려지는 일을 자신이 감내했으니, 좋은 것을 권할 때보다 하기 싫은 일을 권하지 않는 것이 더욱 세심한 배려라고 할 수 있어. 동양의 철학자들은 그래서 서恕를 중요하게 여겼지.

《논어》에서는 내가 싫은 것을 상대에게도 권하지 않는 것을 인간관계를 잘 만드는, 관계의 황금률로 보았어. 어느 날, 공자의 제자가 공자에게 물었어.

"스승님, 사람이 살면서 평생 지켜야 할 것이 무엇입니까?"

"그건 관용이다! 내가 원하지 않는 일은 상대에게도 강요해서는 안 되는 것이다."

관용寬容은 용서처럼 상대의 잘못을 너그럽게 받아들이는 거야. 내가 원하지 않는 걸 상대에게 강요하지 않으면 자연히 그 사람의 입장에서 생각하게 되고, 그럴 때 용서하기가 훨씬 쉬워지잖아. 공자는 그 이야기를 하고 싶었던 거지.

그런데 관용을 베푸는 것이 쉬운 일이라면 공자가 이렇게 말하지 않았겠지? 나를 욕하는 친구, 나에게 피해를 주는 친구가 있다면 보기만 해도 화가 날 텐데 용서를 하라니 너무 어렵지. 이럴 때 옛사람들은 '역지사지易地思之'를 권했어. 역지사지易地思之는 입장을 바

좋아하는 음식을 맛있으니 먹어 보라고 권하고, 내가 좋아하는 음악을 들어 보라고 권하는 거지.

그런데 동양 철학에서는 이것을 조금 더 깊이 고민했어. 그건 내가 하기 싫은 것, 내가 꺼리는 것은 상대도 그럴 수 있다고 생각해 보는 거야. 그래서 내가 싫은 것은 상대에게 권하지 않는 거지. 이것은 좋아하는 것을 권하는 것보다 상대를 더 존중하는 행동이야. 좋은 것이야 상대뿐 아니라 나도 좋은 것이니 권하기가 쉽지. 하지만 하기 싫은 일을 상대에게 권하지 않는다는 건, 하기 싫은 그 일을 내가 할

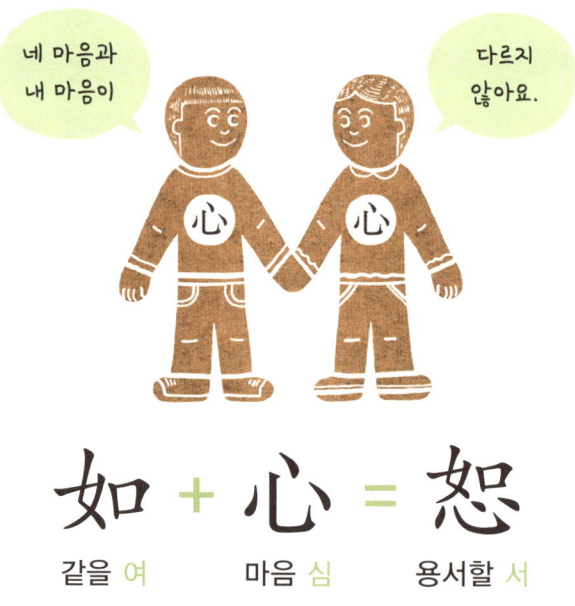

如 + 心 = 恕

같을 여　　마음 심　　용서할 서

용서할 서

'용서할 서恕'는 '용서하다'는 의미를 가지고 있어서 용서容恕, 관서寬恕 등으로 쓰여. 용서容恕는 '얼굴 용容'과 '용서할 서恕'가 합쳐진 말인데, '얼굴 용容'은 '용납하다'는 뜻으로도 쓰여서 잘못을 받아들이고, 용서한다는 의미가 되지. 관서寬恕도 '너그러울 관寬'에 '용서할 서恕'를 써서 너그럽게 용서한다는 뜻이 돼.

그런데 '용서할 서恕'를 찬찬히 뜯어보니 '같을 여如'와 '마음 심心'이 모여 있구나. 이건 어떤 의미일까? 마음이 같다는 것, 다시 말해서 내 마음과 네 마음이 다르지 않다는 거야. 이것은 더 나아가서 내 마음과 네 마음이 다르지 않으니 내가 좋아하는 것을 상대도 좋아할 것이라는 생각에 이르지. 그래서 사람들은 자신이 좋아하는 것을 상대에게 권하곤 해. 그것은 나쁜 행동이라고 할 수 없어. 내가

내 마음과 네 마음이 같으면 ― 105

7장

恕

내 마음과 네 마음이 같으면

것을 참아 내지 못하고, 혹은 참으려 하지 않고 일본에 붙어 나라를 파는 데 앞장섰습니다. 그들의 후손은 오늘날 우리 사회에서 절대 떳떳할 수가 없습니다. 참아야 할 때 참지 않으면 떳떳한 삶을 살 수 없을 때가 많이 있습니다. 참는 것은 어리석거나 용기가 없어서가 아닙니다. 옳은 일, 정의로운 일을 이루어 내기 위해 우리는 기꺼이 참는 것을 선택해야 합니다.

는지 원망하게 되면 분노가 커질 뿐 어려움을 해결할 길은 열리지 않습니다. 어려움이 닥쳤을 때 참고 견디면 어려움을 해결할 방법이 찾아질 때가 있습니다. 침착하게 방법을 찾아서 해결해 나가는 것이 현명할 것입니다.

인간이 가진 참아 내는 마음과 힘을 인내심忍耐心, 인내력忍耐力이라고 합니다. 큰 어려움이건, 작은 어려움이건 인내심과 인내력을 발휘할 때 우리는 더 나은 사람으로 성장하게 됩니다. 어려움 앞에 무릎 꿇어 버리면 어려움 속에 파묻혀서 헤어 나올 길이 없어지니까요.

일제 강점기 시절, 우리 민족은 일본의 강압에 큰 고통을 겪었습니다. 하지만 많은 사람들이 독립을 향해 고통을 참고 견뎠습니다. 괴로움을 참는 인고忍苦의 시간을 보냈지요. 하지만 일부 사람들은 그

忍과 관련된 한자어

忍耐(인내) 참고 견디는 것.

忍耐心(인내심) 참고 견디는 마음.

忍耐力(인내력) 참아 내는 힘.

忍苦(인고) 괴로움을 참는 것.

强忍(강인) 억지로 참아 내는 것.

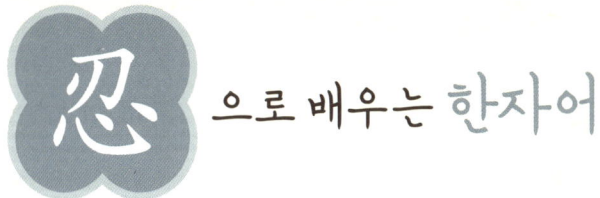 忍 으로 배우는 한자어

'참을 인忍'은 '칼날 인刃'과 '마음 심心'이 합쳐져서 만들어진 한자입니다. 칼날에 베인 것 같은 아픔을 참아 내는 마음이 '인忍'인 것입니다. 그렇게 인忍은 어려운 일이지요. 하지만 아픔을 참아 내고 나면 나름대로 깨닫는 것이 있게 마련입니다. 간혹 어려움 속에 분노와 원망만 키우는 사람이 있는데 그건 자신을 망가뜨리는 어리석은 짓입니다. 인忍이 들어 있는 한자어를 익히며 참아 내는 힘을 키워 보기 바랍니다.

인내忍耐는 '참을 인忍'과 '견딜 내耐'가 만나 참고 견디는 것을 뜻합니다. 인내란 어려움에서 벗어나려 발버둥치기보다 그 어려움을 묵묵히 견디는 것이란 뜻입니다. 내게 오는 어려움을 받아들일 때 우리에겐 그것을 이겨 내는 힘이 생깁니다. 왜 내게 이런 일이 일어났

스스로 깨달을 수 있도록 질문하고 대화한 거지. 소크라테스의 질문을 통해 상대는 그 문제의 본질을 생각하게 되는 거야. 소크라테스의 어머니가 산파로서 아기 낳는 것을 도왔듯이 소크라테스는 사람들이 진리를 찾아갈 수 있도록 도왔지.

아테네의 청년들은 그런 소크라테스를 스승으로 삼아 지혜를 찾는 일에 열중했어. 그러자 아테네 관리들은 소크라테스가 청년들을 나쁜 길로 부추긴다며 잡아들였어. 귀족과 권력가의 편을 드는 것이 아니라 진리와 정의를 가르치는 것이 못마땅했던 거야. 결국 소크라테스는 신을 모독하고 청년을 선동한다는 죄로 사형이 결정되지. 하지만 소크라테스는 이런 억압에 굴복하지 않았어. 소크라테스는 자신의 신념에 따라 두려움을 끝까지 참아 내며 당당하게 죽음을 맞이해. 소크라테스의 사상은 이후 그의 제자인 플라톤에 의해 책으로 만들어지고. 우리는 공자와 더불어 소크라테스를 최고의 철학자로 여기지.

공자와 소크라테스 두 사람은 칼날 같은 아픔을 잘 참아 냈고 그 결과 인간이 인간다워지는 길을 찾아내 그 길을 살다 갔어. 칼날의 아픔을 참는다는 건 결코 쉬운 일이 아니야. 하지만 그것을 참아 냈을 때 우리는 더욱 성장하는 것 같아. 힘든 일이 생길 때, 그 일이 생긴 것을 원망만 할 것이 아니라 잘 버티고 이겨내 보렴. 그럼 성장한 자신을 보게 될 거야. 분명히!

심은 또 얼마나 많은지 말이야."

귀족은 씩씩거리며 대답했어. 그러자 소크라테스가 이렇게 말했지.

"그런데 말이네. 지금 당신이 말한 그 기준대로라면 당신과 하인 중에 누가 더 매를 맞아야 할까?"

소크라테스의 질문을 받은 귀족은 하인을 계속 때릴 수 있었을까? 이것이 바로 소크라테스가 말한 '너 자신을 알라'는 이야기일 거야. 그리고 소크라테스는 이것을 일방적으로 가르쳐 주는 것이 아니라

을 못생겼다는 말로 쓸 정도였으니까. 더구나 소크라테스는 맨발에 늘 같은 옷만 입고 다녀서 겉모습은 볼품없었어. 평생 단 한 번 하급 관리로 일해 봤을 뿐, 달리 돈벌이가 없었던 소크라테스의 남루한 겉모습은 비웃음을 사곤 했지. 하지만 소크라테스는 이 모든 것을 참아 냈어.

게다가 소크라테스는 부인과 사이가 안 좋았다고 알려져 있어. 소크라테스의 부인 크산티페는 소크라테스를 향해 거친 말을 쏟아 내고, 머리에 물을 쏟아 부은 일도 있었지. 그때 물을 뒤집어쓴 소크라테스는 이렇게 말했어.

"벼락 끝에는 비가 오게 마련이지."

소크라테스는 자신이 겪는 모든 일을 참아 내며 생각을 키워 나갔어. 그리고 그것은 소크라테스에게 신념을 만들어 주었지. 소크라테스는 사람들에게 보편적인 정의와 진리를 깨닫게 하기 위해 노력했어. 그건 '너 자신을 알라'는 말로 정리할 수 있지. 너 자신을 제대로 아는 것에서부터 진리를 찾을 수 있으며 정의로워질 수 있다는 거야.

어느 날 길을 가고 있는데 한 귀족이 하인을 심하게 때리고 있었어. 그 모습을 본 소크라테스가 물었지.

"아니, 왜 그토록 하인을 때리는 것이오?"

"이놈이 얼마나 호사스럽게 먹는 줄 아나? 게으름을 부리며 돈 욕

관리로 사는 것은 바른 일이 아니라고 믿었기 때문이야. 다시 공자는 떠돌이가 되었어. 이후 공자가 세상에 뜻을 펼칠 기회는 없었어.

공자는 많은 제자들을 길러 냈지만 이루고 싶었던 꿈은 세상에 나가 일을 하는 것이었어. 하지만 쉰 살이 되도록 꿈을 이룰 수 없었지. 공자는 꿈이 좌절될 때마다 참고 또 참았어. 그리고 그때 얻은 지혜를 후에 제자들에게 남겼지. 이것이 바로 많은 사람이 배우고 익히는 《논어》가 된 거야. 《논어》에 담긴 생각은 수천 년을 이어 오는 동양 사상의 뿌리가 되었고, 현대에 와서는 많은 세계인이 함께 배우는 철학이 되었어. 공자의 인忍이 단단한 지혜가 된 거지.

공자 못지않게 많은 일을 겪은 사람이 서양에도 있어. 그건 바로 소크라테스야. 소크라테스는 기원전 469년경, 그리스의 아테네에서 태어났어. 소크라테스의 아버지는 석수장이었고, 어머니는 아기 낳는 것을 돕는 산파였지. 당시는 아들이 아버지의 직업을 따르곤 했기 때문에 소크라테스는 많은 공부를 할 수 없었어. 소크라테스는 유명한 철학자들을 쫓아다니며 겨우겨우 공부를 했지. 그러면서 자신만의 지혜를 쌓았어.

하지만 소크라테스를 처음 본 사람들은 소크라테스를 그리 좋아하지 않았어. 사실 소크라테스는 처음부터 호감을 가질 만한 외모가 아니었거든. 소크라테스는 못생기기로 유명했지. 눈은 툭 튀어나왔고, 코도 뭉툭하고 삐뚤어졌어. 사람들이 '소크라테스 같다'는 말

어른이 되어서는 노나라의 하급 관리로 일했어. 창고지기를 하고, 가축을 관리하는 일을 했지. 창고지기를 할 때는 정확하게 창고의 물건을 헤아렸고, 가축을 관리할 때는 많은 가축을 번식시켜서 인정을 받았어. 하지만 더 이상 공자를 알아주는 사람은 없었어. 열심히 노력해도 아무도 알아주지 않을 때의 외로움은 매우 컸을 거야.

결국 공자는 자신의 뜻을 펼치기 위해 노나라를 떠나서 이웃 나라로 갔어. 훌륭한 관리가 되어 자신의 뜻을 펼치고 싶었거든. 하지만 누구도 공자를 관리로 뽑아 주지 않았어. 관리가 될 듯하면 반대하는 사람이 나타나서 되지 못하는 일이 계속되었고, 심지어 공자를 죽이려는 사람도 있었지. 세상에 뜻을 펼치기 위한 시도는 실패에 실패를 거듭할 뿐이었어. 결국 공자는 다시 노나라로 돌아왔어. 그리고 쉰한 살이 되어 겨우 한 마을을 다스리는 관리가 될 수 있었어. 쉰한 살에 제대로 된 관리가 되었으니 참으로 오래 참고 기다린 셈이야.

공자는 평소 공부한 것을 관리로서 펼쳤어. 그러자 마을은 더욱 살기 좋아졌고, 그 능력을 인정받아 공자는 노나라의 높은 관리 자리에 올랐어. 공자가 다스리는 노나라는 이웃 나라가 부러워할 정도로 번성해 갔어. 하지만 이것도 오래가지는 못했어. 공자는 벼슬을 버리고 노나라를 떠나지. 노나라 왕의 도덕적이지 못한 행동을 보고 벼슬을 버리기로 한 거야. 정의와 도덕이 바로 서지 않은 나라에서

나 걱정을 했을까? 머리 생김새가 특이해서 건강하게 잘 자라지 못할까 봐 두려워했을 거야. 공자는 태어나면서부터 예사롭지 않은 일을 겪은 셈이야. 그런데 그건 시작일 뿐이었단다.

공자가 세 살이 되었을 때 공자의 아버지는 돌아가시고 말아. 공자의 어린 시절은 가난과의 싸움이었지. 공자는 어릴 때부터 갖은 험한 일을 해. 그래서 공자는 스스로 미천한 일을 잘한다고 말하곤 했어. 이렇게 가난했기 때문에 공자는 일찍부터 공부를 할 수도 없었어. 열다섯 살이 되어서야 겨우 공부를 시작하지.

칼날의 아픔을 참는 것 — 93

인내가 이루어 내는 일은 이뿐이 아니란다. 사마천이 쓴 역사서 《사기》에 따르면 세계 4대 성인으로 꼽히는 공자야말로 참아 내기 선수였던 사람이야. 성인은 매우 훌륭한 사람을 뜻하는 말이지. 그러니까 공자는 세계에서 손에 꼽히는 훌륭한 사람인 거야. 공자는 무엇을 참고 이런 인물이 된 걸까?

기원전 551년 노나라에서 태어난 공자의 어릴 적 이름은 '구丘'였어. 구丘는 언덕을 뜻하는 글자로 이렇게 이름을 지은 것은 공자의 머리 모양 때문이었어. 갓 태어난 공자의 머리는 정수리가 움푹 파여 언덕처럼 보였거든. 정수리가 파인 아기를 보고 공자의 부모는 얼마

92 ― 나를 들여다보는 한자

살아야 하는지도 일깨워 주지. 과거가 현재를 돌아보고 미래를 내다
보는 열쇠가 되어 주듯이 역사는 어떻게 살아야 할지 방향을 알려
주는데, 사마천의 《사기》가 바로 그런 역사를 제대로 기술한 책이었
어. 사마천의 고통스런 인내가 두고두고 후대 사람들에게 도움을 주
는 거야. 한 사람의 인내가 어떤 일을 이루어 냈는지 느껴지니?

궁형에 처하는 거야. 궁형은 남자의 생식기를 자르는 형벌이지. 옛날에는 무시무시한 형벌이 많았는데 그중에서도 궁형은 사형 못지않게 끔찍하고 치욕적인 형벌이었지.

'하루에도 오장육부가 아홉 번이나 뒤틀리고, 집에 가만히 있어도 너무나 부끄러워 등줄기에 줄줄 땀이 흘러 옷이 젖는구나.'

형벌을 받은 사마천은 너무나 괴로웠어. 죽는 것이 나을 것 같았지. 하지만 사마천은 이 괴로움과 치욕을 참고 또 참았어. 그건 아버지의 유언이었고, 자신의 꿈이었던 역사책을 쓰기 위해서였어. 사마천은 괴로움을 참으며 꼬박 16년 동안 역사책을 쓰는 데 매달렸어.

하지만 이 책은 바로 세상에 내놓을 수가 없었어. 왕을 비난한 내용이 담긴 역사책을 왕이 본다면 사마천을 살려 두지 않을 테니까. 사마천은 자신이 죽고 나서야 역사책이 세상에 나올 것을 알았어. 하지만 사마천은 끝까지 포기하지 않고 역사책을 썼지. 더 좋은 표현, 더 정확한 내용을 담기 위해 지금 당장의 처지는 참고 참았어.

사마천이 죽은 뒤에야 그 책이 세상에 나왔어. 바로 130권으로 이루어진 《사기》라는 역사서야. 정말 어마어마하지? 《사기》는 2천여 년 전 중국 역사를 기록한 책으로 그 속에는 중국 고대의 역사적 사건과 인물들의 이야기가 담겨 있어. 우리가 잘 아는 공자의 이야기도 상세하게 기록되어 있지. 《사기》는 단순히 역사적 사건만 기록한 것이 아니라 역사 속 인물의 성품, 성격까지 상세하게 다뤄서 어떻게 역사의 중요함을 강조했어. 그리고 죽기 전에는 아들에게 세상에 남을 역사서를 쓰라는 말을 남겼지. 사마천은 아버지의 말을 가슴 깊이 새겼어.

어른이 된 사마천은 아버지의 뒤를 따라 역사를 기록하는 태사가 되었어. 사마천은 뛰어난 역사서를 쓰기 위해 세상 돌아보는 일을 게을리하지 않았지. 역사 속 인물이 살던 곳을 찾아 온 세상을 떠돌았고, 제대로 된 역사서를 쓰기 위해서라면 신분이 높은 사람이건 낮은 사람이건 만나서 이야기를 들었어. 역사가 왕과 귀족의 이야기일 수만은 없다고 생각한 거지. 이런 노력을 하고 있던 중 사건이 터지고 말았어.

당시 한나라의 왕인 한무제는 이릉 장군에게 흉노족을 정벌하라는 명령을 내렸어. 이릉 장군은 5천 군사을 이끌고 흉노족을 물리치러 떠났지. 그런데 싸움에 나선 이릉 장군은 상황이 좋지 않아 흉노족에게 항복하고 말아. 이릉 장군의 항복 소식을 들은 한무제는 불같이 화가 났어. 화난 왕을 달래기 위해 신하들은 이릉 장군과 그 가족에게 큰 벌을 내리라고 말하지. 하지만 사마천은 그들과 생각이 달랐어. 전쟁 상황은 살피지 않고 항복했다는 이유만으로, 그리고 왕이 화가 났으니 장군을 벌하라고 하는 것은 잘못이라고 생각했지. 그래서 반대하고 나섰어. 그 모습에 한무제는 더욱 화를 내며 사마천까지 벌하라는 명령을 내렸어. 왕의 벌은 어마어마한 것이었어.

힘든 걸 참아 내는 건 쉽지 않아. 너무 아프고 힘들어서 울고, 원망하고, 좌절하고, 실망을 하기도 하지. 하지만 참는다는 건 이겨 낸다는 것이고, 이겨 내는 것은 이루어 내는 것이 되곤 하지. 인내가 이루어 내는 것은 매우 놀라워.

옛날 중국 한나라에 사마천이라는 사람이 있었어. 사마천의 아버지 사마담은 나라의 역사를 기록하는 관리인 '태사'였지. 사마담은 태사로서 역사를 기록하는 것이 얼마나 중요한 일인지 잘 알고 있었어. 그래서 누구보다 태사의 일을 열심히 했고, 아들 사마천에게도

刃 + 心 = 忍
칼날 인 　　마음 심 　　참을 인

참을 인

　　'참을 인忍'은 '칼날 인刃'과 '마음 심心'이 만나서 만들어진 한자야. 인刃은 '칼 도刀'에 점을 찍어 칼날을 의미해. 그래서 참을 인은 칼날의 아픔을 참는 마음을 뜻하지.

　칼날에 다치건, 넘어져서 다치건 누구나 한 번쯤은 살갖이 다쳐서 피가 난 적이 있을 거야. 그건 상상만으로도 찌릿한 아픔이 느껴질 정도지. 그런데 말이야. 이런 아픔을 겪지 않는 사람이 있을까? 몸이 다치건 마음이 다치건, 많이 다치건 적게 다치건 누구나 힘든 일을 겪게 되지. 그래서 누구나 '참을 인忍'이 필요해.

　인忍이 쓰인 대표적인 한자어에는 인내忍耐가 있어. '참을 인忍'에 '견딜 내耐'를 합쳐서 참고 견디는 것을 뜻하지. 이와 관련하여 참고 견디는 마음인 인내심忍耐心, 참아 내는 힘인 인내력忍耐力이 있어.

칼날의 아픔을 참는 것 — 87

6장

忍

칼날의 아픔을 참는 것

를 받을 때는 수신受信, 전화를 걸 때는 발신發信이라고 말하지요. 신信이 소통의 의미를 드러내면서 한자어 신호信號에도 쓰였습니다. '믿을 신信'에 '이름 호號'를 써서 멀리 떨어진 사이에서 주고받는 표시를 뜻하게 되었습니다. 그래서 길을 건너거나 멈추라는 신호를 보내는 불빛을 신호등이라고 하는 것입니다.

 **信과 관련된 한자어**

信賴(신뢰) 상대를 믿고 의지하는 것.

確信(확신) 굳게 믿는 것.

不信(불신) 상대를 믿지 못하는 것.

自信感(자신감) 자신을 믿는 마음.

通信(통신) 전화나 편지 같은 것으로 소식을 주고받는 것.

受信(수신) 통신을 받는 것.

發信(발신) 통신을 보내는 것.

信號(신호) 멀리 떨어진 사이에서 주고받는 표시.

진실한 말에서 믿음은 시작되니 — 83

감感'으로 이루어져 있습니다. 스스로를 믿는 감정이 자신감인 것입니다. 자신감이 어떤 놀라운 일을 이루는지 우리는 리우 올림픽 펜싱 경기에서 확인했습니다. 우리나라 펜싱 국가대표 박상영 선수는 세계 랭킹 2위의 네덜란드 선수와 결승전에서 만났습니다. 상대 선수는 경험도 많고 실력도 뛰어나서 세계 랭킹 21위인 박상영 선수의 승리를 예측하기는 어려웠습니다. 많은 사람들의 예상처럼 상대 선수는 앞서 나갔습니다. 그리고 14 대 10까지 점수 차이가 벌어졌습니다. 한 점만 더 잃으면 박상영 선수는 패배하고 말지요. 박상영 선수는 스스로에게 자신감을 불어넣었습니다. 혼잣말로 '할 수 있다, 할 수 있다'를 되뇌었지요. 결과는 어찌 되었을까요? 박상영 선수는 한 점, 한 점 쫓아가서 결국 14 대 15로 승리했습니다. 기적 같은 역전을 이뤄서 금메달을 딴 것입니다. 사람들은 금메달도 기뻤지만 스스로에게 자신감을 불어넣는 박상영 선수에게 큰 감동을 받았습니다. 자신감이 얼마나 큰 힘을 발휘하는지 기억했으면 합니다.

신信은 믿음을 뜻하기도 하지만, '인人, 즉 사람 사이의 말言'이므로 소식을 주고받는 의미의 한자어에도 많이 쓰입니다. 먼저 통신通信은 '통할 통通'에 '믿을 신信'을 사용하여 소식을 주고받는 의미로 쓰입니다. 소식을 주고받을 때는 전화나 편지 등을 사용하는데 이를 이용해서 통신을 받을 때는 '받을 수受'를 써서 수신受信이라고 하고, 보낼 때는 '필 발發'을 써서 발신發信이라고 합니다. 그래서 전화

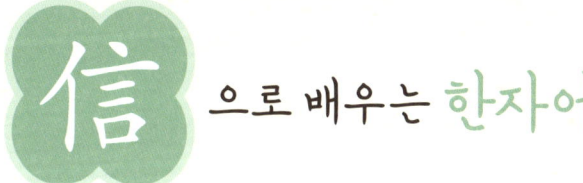 으로 배우는 한자어

'믿을 신信'은 '사람 인人'과 '말씀 언言'이 합쳐진 글자입니다. 사람의 말을 통해 만들어지는 것이 믿음이라고 설명하고 있지요. 그래서 '믿을 신信'이 들어간 한자어에는 사람 사이의 믿음에 대한 것이 여럿 있습니다. 신뢰信賴는 '믿을 신信'에 '의뢰할 뢰賴'를 씁니다. 믿음이 있어서 일을 맡기고, 의지한다는 뜻이지요. 어떤 일을 함께하는 사이에서 신뢰는 매우 중요합니다. 확신確信은 '굳을 확確'에 '믿을 신信'을 씁니다. 굳은 믿음이 있을 때 '확신한다'고 말하지요. 믿음이 없을 때는 불신不信이라고 합니다. '아닐 불不'에 '믿을 신信'을 써서 '믿지 않는다'는 의미를 나타냅니다.

믿음이 상대에게만 드러나는 것은 아닙니다. 믿음은 스스로에게로 향할 수도 있지요. 자신감自信感은 '스스로 자自'에 '믿을 신信' 느낄

진실한 말에서 믿음은 시작되니 — 81

결국 그 믿음이 두 사람을 모두 훌륭한 삶을 산 인물로 만들었어.

소중한 친구를 얻고 싶다면 포숙처럼 친구를 믿어 주렴. 시간은 걸리겠지만 분명 좋은 친구를 얻게 될 거야. 그리고 믿음을 키우고 지켜 나가기 위해서는 말부터 조심하도록 해. 사람의 입은 하나인데 귀가 둘인 이유는 더 잘 듣기 위해서라고 했지? 먼저 듣고, 나중에 말한다면 믿음은 더 굳건해질 거야.

관중은 포숙의 이런 행동들을 어떻게 받아들였을까? 세월이 흐른 뒤에 관중은 포숙에 대해 이렇게 이야기했어.

"나를 낳은 이는 내 부모님이지만 나를 알아봐 준 것은 포숙이다! 포숙은 함께 장사를 하고 내가 이익을 더 취할 때도 내게 욕심 많다 하지 않았다. 나의 가난함을 이해했기 때문이다. 그리고 내가 일을 그르칠 때도 멍청하다 욕하지 않았고, 벼슬에서 밀려날 때도 능력이 없다고 하지 않았다. 다만 아직 때가 되지 않았다고 말했다. 전쟁터에서 목숨을 구할 때도 비겁하다 하지 않았다. 나의 어머니가 홀로 집에 계신 것을 걱정할 뿐이었다."

관중은 포숙이 자신을 한결같이 믿어 준 것에 감사했어. 그리고 그런 포숙의 믿음에 어긋나지 않기 위해 노력하여 결국 나랏일을 훌륭히 해내는 재상이 되었지. 관중은 높은 자리에 올라서도 어디서건 자신보다 훌륭한 이가 포숙이라고 이야기했어. 그래서 사람들은 관중이 더 높은 벼슬에 올랐어도 덕이 있는 사람을 이야기할 때면 포숙을 이야기했지. 관중과 포숙의 믿음이 두 사람 모두를 훌륭하게 만든 거야.

믿음은 가끔 어리석어 보일 때도 있어. 사람들은 '믿는 도끼에 발등 찍힌다'는 말로 무턱대고 믿는 사람을 조롱하듯이 말하지. 관중을 믿는 포숙을 보고 사람들이 관중을 너무 믿지 말라고 이야기했던 것처럼 말이야. 하지만 포숙은 관중을 친구로서 끝까지 믿었고,

다."

또 두 사람은 함께 벼슬길에 나섰어. 포숙과 달리 관중은 매번 관직에서 쫓겨나고 말았어. 그러자 사람들은 관중이 무능하다며 흉을 봤지. 하지만 이번에도 포숙은 관중에게 아직 운이 닿지 않았을 뿐 관중이 무능해서가 아니라고 말했어.

그리고 다시 두 사람에게 결정적인 큰 사건이 벌어졌어. 두 사람은 서로 다른 왕자를 섬겼는데 두 왕자가 왕의 자리를 놓고 다투게 된 거야. 두 사람은 적으로 만나야 했지. 관중은 포숙이 모시는 왕자를 향해 화살을 날렸어. 하지만 그 왕자는 죽지 않고 왕의 자리에 오르지. 새롭게 왕이 된 왕자는 자신에게 활을 쏜 관중을 죽이려 했어. 이때 포숙이 나섰지. 심지어 포숙은 관중을 관리로 추천하고 나섰어.

"나를 죽이려 한 놈을 신하로 삼으라고?"

왕은 성난 얼굴로 소리쳤어.

"폐하, 더 큰 나라를 꿈꾸신다면 관중 같은 인물을 쓰셔야 합니다. 그는 자신의 윗사람을 위해 활을 쏜 사람입니다. 그런 사람을 신하로 맞으면 분명 폐하를 잘 모실 것입니다."

포숙의 말에 왕은 관중을 살려 주고 신하로 삼기로 했어. 죽을 줄 알았던 관중은 포숙 덕분에 나라의 재상이 되었지. 그리고 포숙의 말처럼 나랏일을 훌륭하게 해내서 나라는 점점 강성해졌어.

친구야. 믿을 만한 친구가 있다는 건 세상을 얻는 것만큼 힘든 일이면서, 세상을 얻은 것처럼 기쁜 일이지. 믿음이 두터운 친구 사이를 일러 '관포지교管鮑之交'라고 하는데 이건 중국의 옛 인물 이야기에서 생겨난 말이란다.

옛날 중국에 관중과 포숙이란 사람이 살고 있었어. 둘은 한 마을에서 자란 둘도 없는 친구 사이였지. 젊은 날 두 사람은 함께 장사를 하게 되었어. 포숙의 집안은 재산이 많아서 장사 밑천은 포숙이 댔지. 그런데 장사를 해서 돈을 벌면 관중이 더 많은 돈을 가지고 가곤 했어. 이를 보던 주변 사람들은 관중이 너무 욕심이 많다며 흉을 봤어. 그러자 포숙은 이렇게 말했어.

"관중의 집안 형편이 어려워서 내가 일부러 사양했던 것이오. 관중을 욕할 일이 아닙니다.

이후 두 사람은 나라에 전쟁이 나서 함께 전쟁터로 나섰어. 전쟁터에서 관중은 위험한 상황에선 뒤에 머물고, 전쟁에서 승리한 후에는 앞장서 걸었지. 이를 보고 사람들은 또 관중을 욕했어.

"관중은 겁이 많고, 비겁한 사람이오."

그러자 포숙은 이렇게 대답했지.

"관중에겐 모셔야 할 홀어머니가 집에 계십니다. 전쟁터에서 관중이 잘못되기라도 하면 혼자 계신 어머니는 누가 돌보겠습니까? 관중이 겁이 많고 비겁해서가 아니라 어머니를 걱정해서 그리한 것입니났고, 친구들의 거친 말들에 괴로워하던 청소년도 결국 죽음을 택했지. 말은 형태가 없는 것이지만 사람을 향한 나쁜 말은 목숨도 빼앗을 수 있을 정도로 무섭지. 요즘에는 이런 언어폭력이 더 흔하게 일어나는데 그건 많은 사람들이 사용하는 스마트폰 문자나 페이스북, 인스타그램 같은 소셜 네트워크 서비스의 사용이 늘었기 때문이야. 어떤 아이는 친구들로부터 욕이 담긴 수백 건의 문자를 받았대. 이런 폭력적인 문자는 학교에 있건 집에 있건 상관없이 밤낮을 가리지 않고 계속 이어지기 때문에 더욱 견디기 어려워. 자신을 향한 날선 말들을 계속 들어야 하는 건 상상만 해도 끔찍한 일이잖아?

사람의 뇌는 몸을 움직이게 명령하는 가장 똑똑한 기관이지만 한편으로는 가장 멍청한 기관이기도 해. 예를 들어 계속해서 '넌 못해, 못해'라는 말을 들으면 정말로 그것을 못한다고 뇌가 생각해 버려서 실제로도 못하게 되는 거야. 부정적인 말을 계속 듣고, 생각하게 되면 진짜가 아닌 것이 진짜가 되어 버리는 거지. 실제로 별로 맛없는 것을 먹으면서도 맛있다고 생각하고 먹으면, 우리 몸은 맛있다고 느끼게 되고 몸에서 맛있는 것을 먹을 때 나오는 호르몬까지 분비된다고 해. 그러니 말을 함부로 여길 수 있을까? 사람 사이를 이어 주는 말이 마음을 움직여 믿음까지 만들어 내는 것이니 어떤 말을 해야 할지 깊이 고민해 봤으면 해.

우리가 '믿을 신信'을 떠올릴 때 생각나는 것이 또 하나 있어. 그건

보다는 앞장서서 열심히 할 거야. 자신이 그 일을 해낼 수 있다고 믿기 때문에 실제로도 힘이 나는 거지.

또한 '믿을 신信'은 소식을 주고 받는 통신通信에 쓰이고, 멀리 떨어진 사이에 주고받는 신호信號에도 쓰여. 우리가 많이 이용하는 통신 수단에는 전화나 편지 등이 있지. 전화나 편지로 우리는 상대에게 나의 생각과 마음을 전해. 사람 사이에 소통이 일어나는 거야. 신호도 의미를 전달하는 소통인 거지. 한자어를 통해 '믿을 신信'에 믿음이라는 의미와 소통의 의미가 있다는 걸 알 수 있어. 믿음이 사람 사이에 말로 시작되었듯이 소통도 말에서 시작되는 거지.

그런데 말이 거칠어질 때는 소통이 아니라 폭력이 되기도 한단다. 바로 언어폭력이지. 언어폭력은 가장 흔하게 많이 일어나는 폭력이야. 또래 친구들 사이뿐 아니라 가족 구성원 사이에도 언어폭력은 쉽게 일어나. 입으로 말 한마디 내뱉는 것은 그리 힘든 일이 아니다 보니 폭력적인 말도 쉽게 하게 되는 거지. 프랑스의 한 문학가는 '칼로 낸 상처보다 말로 낸 상처가 더 아프다'고 했어. 생각해 보면 정말 그런 것 같지 않니? 몸에 난 상처는 시간이 지나면 딱지가 생기며 아물지만 말로 생긴 상처는 마음을 다치게 하기 때문에 쉽게 잊히지 않아서 오랫동안 괴롭지.

실제로 언어폭력으로 극단적인 선택을 하는 사람도 많아. 어떤 연예인은 자신을 향한 악성 댓글에 상처를 받고 스스로 이 세상을 떠

사람과 사람이 소통하기 위해서는 그 사이에 말이 오가야 해. 새 학기가 되어 처음 본 아이와도 이야기를 나누다 보면 어느새 가까운 친구가 되어 있는 것처럼, 사람 사이에는 말을 통해 믿음이 싹트지. 그래서 옛사람들은 함부로 말하지 말라고 당부해. 말이 곧 약속이고 맹세가 되는 것이니 말을 앞세우지 말아야 한다고 말하지.

《논어》에서 공자는 '눌언민행訥言敏行'해야 한다고 했어. 눌언訥言이라는 것은 '말 더듬거릴 눌訥'과 '말씀 언言'으로, 말을 느리게 하는 거야. 말은 생각을 표현하지. 그런데 간혹 생각이 다 정리되지 않은 상태에서 말부터 꺼낼 때가 있어. 이렇게 말부터 뱉어 내고 나면 말실수가 생기곤 하지. 그래서 공자는 눌언하라고 한 거야.

민행敏行은 눌언과 반대야. '민첩할 민敏'에 '다닐 행行'으로 행동을 할 때는 민첩하게 하라는 뜻이지. 그러니까 눌언민행은 '말은 느리게 하고, 행동은 민첩해야 한다'는 거야. 말만 하고 실천하지 않거나, 상대에게 약속한 것을 지키지 못할 때 사람들은 나를 믿어 주지 않아. 믿을 수 없는 사람이 되고 마는 거야.

그럼 '믿을 신信' 자가 어떤 말들을 만들어 냈는지 한번 볼까? '믿을 신信'이 들어간 한자어로는 상대를 믿고 의지하는 신뢰信賴, 굳게 믿는 확신確信, 상대를 믿지 못하는 불신不信, 자신을 믿는 마음인 자신감自信感이 있어.

자신감이 있는 사람은 어떤 일을 할 때 망설이거나 뒤로 물러나기

고 있는가?' '그 사람이 돈을 벌 가능성이 있는가?'를 보고, 그런 능력
이 있으면 신용이 있는 것이고, 그런 능력이 없으면 신용이 없는 거
야. 현대 사회에서 신용이 이런 의미로 많이 쓰여서 각박하다는 말
이 나오는 거지.

그럼 옛날에는 어땠을까? 경제력을 '믿을 수 있는' 첫 번째 조건으
로 여겼을까? 신용信用의 첫 글자인 '믿을 신信'은, '사람 인人'과 '말
씀 언言'으로 이루어져 있어. 사람 사이에 오가는 말을 통해 생겨나
는 것, 그것이 믿음이라고 말하고 있지. 경제력을 앞세우는 요즘과는
조금 다르지?

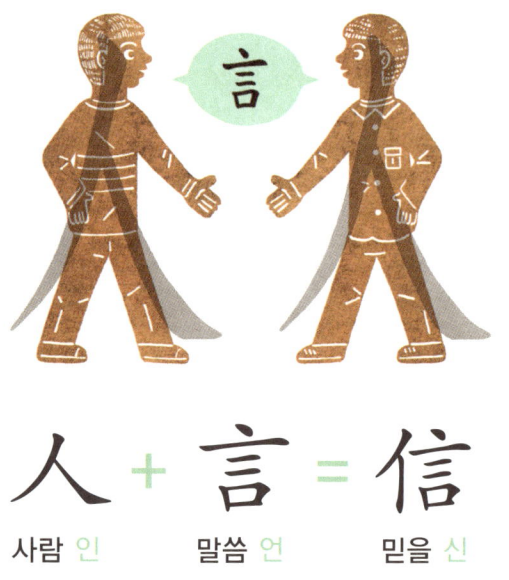

人 + 言 = 信
사람 인   말씀 언   믿을 신

信
믿을 신

현대 사회를 이르는 여러 말 중에서 '신용 사회'라는 말이 있어. 우리 사회가 신용을 기본 바탕으로 이루어져 있다는 의미야.

신용은 '믿을 수 있는' '약속을 지킨다'는 뜻이야. 누가 나를 믿어 주고 나도 상대를 믿는다는 건 든든함이 느껴지는 일이지. 그런데 신용 사회라 불리는 현대 사회를 두고 사람들은 각박해졌다고 말하고, 인간적인 모습이 사라져 가고 있다고도 말해. 이건 또 무슨 말일까?

신용이라는 말의 의미는 '믿을 수 있어서 약속을 지킨다'는 것이지만, 경제에서 말하는 신용의 의미는 이것이 다가 아니란다. 경제에서 신용은 경제적 능력이 있는지를 먼저 따지지. '그 사람이 돈을 가지

5장

진실한 말에서 믿음은 시작되니

리저리 헤아려 본다는 의미, 걱정한다는 의미도 담겨 있습니다. 그래서 사려는 '헤아려 보는 생각'이고 '근심하고 걱정하는 생각'입니다.

생각은 힘이 세다고 했지요? 사고하고 사유하여 생각을 키우고, 사려 깊은 따뜻한 사람이 되기를 바랍니다. 그런 사람이 모여 좋은 세상이 만들어집니다.

思 와 관련된 한자어

意思(의사)   마음먹은 생각.

思考(사고)   생각하고, 궁리하는 것.

思想(사상)   긴 생각을 통해 만들어진 생각.

思慮(사려)   일에 대한 깊은 생각과 근심.

思想家(사상가)   어떤 사상이 깊고 풍부하여 그 사상 활동을 하는 사람.

思潮(사조)   사상의 흐름.

을 지배한다고 말할 수 있지요. 그리고 사람들의 생각이 모여서 세상의 모습을 만들기도 하고요. 이렇게 중요한 '생각'을 나타내는 한자어를 알아보지요.

의사意思는 '뜻 의意'와 '생각 사思'가 만나서 만들어졌습니다. 한 사람이 생각을 통해 마음먹는 것을 뜻하지요. 그래서 '의사'는 사람마다 다를 수 있습니다.

한 사람의 의사가 생기기 위해서는 사고의 과정이 필요합니다. 사고思考는 '생각 사思'와 '생각할 고考'가 만나서 생각하고 궁리하는 것을 뜻합니다. '생각할 고考'는 생각하는 행위를 뜻하는 한자로, 비슷한 한자로는 '생각할 유惟'가 있습니다. 그래서 사고思考와 사유思惟는 모두 생각하고 궁리한다는 뜻을 가집니다.

한 사람이 오랜 사고를 거치면 사상에 이르게 됩니다. 사상思想은 '생각 사思'와 '생각 상想'이 만난 글자로, '긴 생각을 통해 만들어진 생각'을 뜻합니다. 긴 생각으로 깊은 생각을 얻은 사람을 사상가思想家라고 합니다. 사상가는 자신이 얻은 사상을 설명하고, 사상에 따라 행동하곤 합니다. 그래서 사상가의 활동은 세상을 변화시킬 수도 있지요.

좋은 세상을 위해 필요한 것은 사상가뿐만은 아닙니다. 사려가 깊은 사람은 세상을 따뜻하게 만들지요. 사려思慮는 '생각 사思'와 '생각할 려慮'가 합쳐진 한자어입니다. '생각할 려慮'는 생각뿐 아니라 이

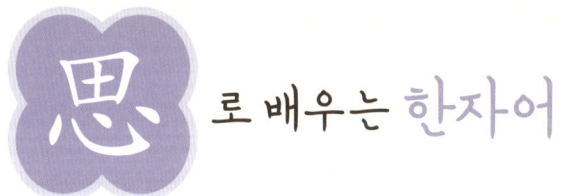

思 로 배우는 한자어

'생각 사思'는 '밭 전田'과 '마음 심心'이 합쳐진 글자입니다. 밭과 마음이 어떤 까닭에 생각이란 뜻을 가지게 된 걸까요?

옛사람들이 중요하게 여겼던 일은 농사였습니다. 농사를 지어야 먹고살 일이 해결되었기 때문이지요. 그래서 '생각 사思'에 '밭 전田'이 들어간 것을 통해 '농사에 온 마음을 쏟듯이 하는 것'이 생각이라고 해석합니다. 또 한편으로는 '밭 전田' 자가 원래는 '정수리 신囟' 자였다는 겁니다. 시간이 지나면서 '정수리 신囟' 자가 '밭 전田' 자로 변화한 것으로, '생각 사思'는 머리를 뜻하는 정수리와 마음으로 하는 것이라 여긴 겁니다. 생각은 한 사람의 머리와 마음까지 합쳐진 것이니 온전히 그 사람을 나타내는 것이라고 볼 수 있을 겁니다.

사람은 자신의 생각에 따라 선택하고 행동합니다. 생각이 그 사람

생각이 생각을 키운다 — 65

밑에 화려한 버섯이 있는 거야. 아들은 예쁜 버섯을 보고 달려갔지. 그러자 아버지가 깜짝 놀라며 말했어.

"그건 독버섯이야. 아주 위험하단다."

아빠의 이야기를 듣고 아들은 멈춰 서서 더 이상 버섯 가까이 가지 않았어. 그런데 이때 놀란 것은 아들과 아버지만이 아니었단다. 가장 놀란 것은 그 소리를 들은 버섯이었어.

"내가 독버섯이야? 난 그렇게 끔찍한 거야?"

버섯은 자신을 끔찍한 것으로 여기는 사람들의 말에 상처를 받고 눈물이 났어. 그러자 주위 친구들 중 하나가 말했어.

"그렇지 않아. 그건 인간의 생각일 뿐이야."

친구의 말에 버섯이 겨우 울음을 그쳤어.

"너 자신을 바라봐. 넌 아주 예뻐. 넌 우리에겐 좋은 친구야. 인간의 생각으로 너를 판단하지 마!"

버섯은 친구의 말에 고개를 끄덕였지.

우리는 다른 사람의 생각에 자신을 가두는 경우가 종종 있어. 모두들 이게 좋다고 하니까 싫어도 따르고, 누군가 던진 한마디에 자신감을 잃고 말이야. 버섯과 비슷한 문제로 고민하는 친구가 있다면 다시 한 번 천천히 자신을 생각해 봐. 그리고 나의 주인은 나라는 걸 잊지 말기 바라. 그러면 어떻게 공부하고, 어떻게 살아가야 할지 더 뚜렷해질 거야. 생각은 그렇게 힘이 센 거거든.

기라고 말한 것입니다."

목수의 설명을 다 들은 양반은 고개를 끄덕였어. 책만 읽는다고 자기가 성인이 될 수 없다는 것을 깨친 거지. 공부를 많이 했더라도 생각을 깊게 하지 않은 사람은 결코 공부한 것을 제대로 발휘할 수 없는 것과 같아. 그래서 교수, 변호사, 검사라는 직업이나 학벌로 그 사람을 평가하는 것은 어리석은 일이 될 수 있지.

데카르트와 공자를 통해 생각하는 방법을 알아봤어. 이렇게 생각을 키우면 뭐가 좋을까? 생각을 키우다 보면 우리에겐 자신을 지키는 힘이 생기게 돼. 이번에는 네덜란드 동화를 하나 들려줄게.

어느 날 아버지와 아들이 숲속을 함께 걷고 있었어. 그런데 나무

것을 경계했던 옛사람 이야기를 하나 들어 보자꾸나.

옛날에 어떤 양반이 책을 읽고 있었어. 마당에서는 목수가 수레바퀴를 깎고 있었고 말이야. 바퀴를 깎던 목수가 양반에게 물었지.

"나리, 무슨 책을 읽고 계십니까?"

"이 책은 돌아가신 성인들의 말씀이 담긴 책이다."

그러자 목수가 이렇게 말했어.

"나리께서는 옛사람들의 찌꺼기를 읽고 계시군요."

양반은 목수의 말에 화가 났어. 목수 주제에 양반이 읽는 책에 그런 말을 하다니 무례하다고 생각했지. 양반은 가까스로 화를 억누르며 말했어.

"네 말이 참으로 이상하구나. 그리 말한 까닭을 제대로 설명하지 못한다면 내 너를 가만두지 않겠다!"

"저는 목수 일과 관련하여 말씀을 드린 것입니다. 수레바퀴를 만들 때는 정교함이 필요합니다. 혹여 더 깎으면 수레에 꽂을 때 바퀴가 헐거워서 안전하지 않고, 혹여 덜 깎으면 빡빡하여 바퀴가 들어가지 않지요. 적당한 정도는 제 손짐작으로만 알 수 있지요. 그러니 저는 그것까지 제 자식에게 알려 줄 수는 없습니다. 바퀴 깎는 법은 책을 읽어 배우는 것처럼 배울 수 있겠지만, 결국엔 손수 바퀴를 깎으며 터득할 수밖에 없는 것이지요. 그래서 저는 책을 옛사람이 전해 주었으나 자신이 고민하고 실천하지 않으면 아무 소용이 없는 찌꺼 생각의 중요성은 동양 철학에서도 강조하고 있어. 공자의 가르침을 모아 놓은 책인 《논어》에는 '학이불사즉망學而不思則罔, 사이불학즉태思而不學則殆'라는 말이 있어. 내용을 풀어 보면 '공부하되 생각하지 않으면 어리석어지고, 생각하되 공부하지 않으면 의혹에 빠진다'는 거야. 배운 지식을 입으로만 달달 외우고 생각하지 않는다면 그것이 어떤 원인과 결과로 이어지는지 알 수 없어서 지식의 이치를 깨닫지 못하니 어리석다고 말하는 거지. 그리고 공부하지 않고 생각만 하면 자신이 아는 것만 가지고 생각하는 것이기 때문에 잘못된 생각으로 빠질 수 있어. 이것을 의혹에 빠진다고 말하는 거야. 공부가 생각의 밑천이 되어 주기 때문에 생각에 앞서 반드시 필요하다는 거지. 그래서 생각과 공부는 무엇이 더 중요하다고 할 수 없을 만큼 모두 중요하고 서로 긴밀히 연결되어 있어.

많은 사람들이 공부를 잘하는 사람, 많이 한 사람을 훌륭하다고 여기곤 해. 그건 공부를 통해 많은 생각을 했을 거라고 여기기 때문이야. 그런데 요즘 뉴스를 보면 교수라는 사람 중 일부가 막말을 하고 일부 변호사, 검사들이 법을 이용해서 자기 이득만 취하는 사건이 많이 있어. 공자가 학이불사즉망, 배웠지만 생각하지 않았을 때 아무것도 남지 않아 어리석은 것과 같다고 이야기한 까닭이 무엇인지 느껴지지 뭐야.

공부만 하고 공부한 내용을 깊이 생각하지 않거나, 실천하지 않는

하지만 그것에서도 다른 것이 있을지 모른다는 거야. 1 더하기 1이 3일지도 모르기 때문에 그것이 진짜인지 생각을 해 보는 거야. 데카르트는 모든 것을 의심하여 생각하고 생각하다가, 그 순간 자신이 생각하고 있다는 사실을 깨달았어. 생각하는 자신을 보는 순간, 자신이 지금 존재하고 있다는 것도 확실해졌지. 그래서 데카르트는 '나는 생각한다, 고로 존재한다'는 말을 했던 거야.

을 뜻하지. 이렇게 생각이 깊어지면 새로운 생각의 방식을 만들기도 하는데, 이것을 '사상' '사조'라고 불러.

그런데 가끔 이런 말을 들을 때가 있어. "생각 없는 짓 좀 하지 마라" "도대체 뭘 생각하고 있는 거니?"라고 말이야. 생각 없이 행동했다가 일을 그르치곤 하기 때문일 텐데, 그건 평소 생각을 많이 하지 않아 버릇해서이기도 할 거야. 우리는 어떻게 생각을 키워야 하는 걸까?

생각을 많이 했던 것으로 유명한 철학자 데카르트는 어릴 때 몸이 무척 약했어. 의사들도 데카르트가 얼마 살지 못할 거라고 예상했지. 그래서 학교에서는 데카르트에게 조금 늦게 학교에 오는 것을 허락했어. 마른기침이 잦고, 창백한 얼굴을 한 데카르트의 건강을 염려해서 내려진 조치였지. 아침이 되어서도 침대에 누워 있었던 데카르트는 침대에서 많은 생각을 하곤 했어. 긴 생각 끝에 생각을 글로 적기도 하고, 책을 읽으며 궁금증을 풀어내기도 했지. 데카르트는 무엇이건 한 번 더 의심하며 생각을 거듭했어. 데카르트는 명확한 답을 찾을 때까지 생각을 멈추지 않았지. 그래서 어릴 때부터 철학자란 별명으로 불리기도 했어. 이런 행동은 어른이 되어서도 달라지지 않았어.

데카르트의 생각법을 좀 더 들여다보면, 데카르트는 '1 더하기 1은 2'라는 것도 의심해 보아야 한다고 여겼어. 누구나 당연하다고 생각

생각이 생각을 키운다 ─ 59

만 그것만으로 생각을 한다면 아마 컴퓨터가 가장 생각을 잘할지도 몰라. 인공 지능 '알파고'가 말이야. 하지만 옛사람들은 생각에 마음도 담겨야 한다고 여겼어. 마음으로 이해하고, 사랑하는 마음을 담아 생각을 펼치는 거지. 냉철한 이성과 더불어 마음까지 동원하는 것이 생각이었던 거야.

'생각 사思'를 써서 인간의 생각을 나타낸 한자어는 여러 개가 있어. 사고思考, 사유思惟, 사려思慮, 사상思想, 사조思潮 등이지. 생각과 생각을 거듭하는 것을 '사고'라고 하고, 마음을 담아 생각하는 것을 '사유'라고 해. '사려'는 생각이 깊어서 주위를 잘 살필 수 있는 것

田 + 心 = 思

밭 전　　　마음 심　　　생각 사

58 — 나를 들여다보는 한자

思

생각 사

이 글자는 '생각 사思'야. 생각을 나타내는 한자이지. '생각 사思'는 '밭 전田'에 '마음 심心'을 합해서 만들어졌어. 옛날엔 대부분 농사를 지어서 먹고살았기 때문에 농부가 밭에서 마음을 다하여 농사짓는 것처럼 하는 것, 그것이 생각이라고 표현한 거야.

그런데 그 전에는 글자 모양이 조금 달랐어. '정수리 신囟'과 '마음 심心'을 합해서 생각 사로 썼지. 정수리는 머리 가장 위쪽을 말해. 그러니까 옛사람들은 생각을, 머리를 뜻하는 정수리와 마음으로 하는 것으로 여겼던 거지.

생각이라고 하면 머리로 하는 냉철한 판단과 이성을 떠올릴 수 있어. 확고한 논리가 있어야 제대로 된 생각이라고 할 수도 있고. 하지

4장

생각이 생각을 키운다

이 줄었기 때문이기도 할 것입니다. 또 자신이 아는 것을 전부로 여기려는 마음 때문이기도 할 것이고요. 사람에게 입은 하나인데 귀가 둘인 것은 더 많이 들으라는 의미라는 말이 있습니다. 질문을 통해 더 많이 듣고 배운다면 부끄러움이 줄어들지 모릅니다. 불치하문의 자세를 잃지 않기 바랍니다.

 **恥와 관련된 한자어**

羞恥(수치) 창피하고 부끄러운 마음.

廉恥(염치) 남에게 신세 지고 폐를 끼칠 때 미안하고 부끄러워하는 마음.

恥辱(치욕) 부끄럽고 욕됨.

破廉恥(파렴치) 부끄러워하는 마음이 없는 뻔뻔함.

沒廉恥(몰염치) 염치가 없음.

厚顔無恥(후안무치) 얼굴이 두꺼워 부끄러움을 모름.

不恥下問(불치하문) 아랫사람에게 묻는 것을 부끄러워하지 않음.

廉恥가 있습니다. '부끄러울 수羞'와 '부끄러울 치恥'가 만나 창피하고 부끄러움을 나타내고, '살필 염廉'과 '부끄러울 치恥'가 만나 부끄러움을 살피는, 즉 신세 지고 폐를 끼쳤을 때 부끄럽고 미안해하는 마음을 나타냅니다. 그러니까 염치라는 것은 부끄러움을 아는 마음인 것입니다. 염치가 없음을 가리킬 때는 '깨트릴 파破'를 써서 파렴치라고 하기도 하고, '빠질 몰沒' 자를 써서 몰염치沒廉恥라고 하기도 합니다. 파렴치, 몰염치 모두 부끄러움이 없는 뻔뻔한 상태를 말합니다.

파렴치와 몰염치 상태를 사자성어로는 후안무치厚顔無恥라고 합니다. '두터울 후厚'에 '얼굴 안顔' '없을 무無' '부끄러울 치恥'가 모인 말인데 '얼굴이 두꺼워 부끄러움이 없다'는 뜻입니다. 후안무치 역시 매우 뻔뻔한 상태를 이르는 말이지요.

'부끄러울 치恥'가 들어간 사자성어 중에는 불치하문不恥下問이란 것도 있습니다. '아닐 불不'에 '부끄러울 치恥' '아래 하下' '물을 문問'을 써서 '아랫사람에게 묻는 것을 부끄러워하지 않는다'는 의미입니다. 여기에서 아랫사람이라는 것은 나이나 지위, 학식 등이 낮은 경우를 뜻합니다. 그러니까 모르는 것을 알고자 할 때는 누구에게든 적극적으로 질문을 해야 하는 것이며, 그런 행동은 결코 부끄럽지 않다는 것입니다. 어린 아이들은 질문이 많습니다. 하지만 커 가면서 질문이 줄어드는 경우가 많지요. 그건 이전보다 많은 것을 알게 되었기 때문이기도 하겠지만 질문을 통해 더 많은 것을 알려는 마음

耳心 로 배우는 한자어

사람이 저지르는 잘못 중에는 알고 하는 잘못보다 모르고 하는 잘못이 더 많다고 합니다. 누군가에게 해를 끼칠 생각으로 한 행동이 아니더라도 피해를 줄 수 있기 때문입니다. 그래서 사람에게 '잘못에 대한 부끄러움'은 결코 피할 수 없는 감정인 것 같습니다.

사람이 느끼는 부끄러움을 나타내는 한자로는 치恥, 수羞, 참慙 등이 있습니다. 치恥와 참慙에는 모두 '마음 심心'이 들어 있어서 부끄러움은 마음으로 느끼는 것임을 보여 줍니다. 그리고 '부끄러울 치恥'에는 '귀 이耳'가 있어서 부끄러울 때 귀가 빨개지는 모습을 상상할 수 있습니다.

그럼, '부끄러울 치恥'로 어떤 한자어와 사자성어가 만들어졌을까요? 치恥가 들어간 대표적인 한자어는 수치羞恥, 염치廉恥, 파렴치破

부끄러움을 알아야 귀도 빨개지지 — 51

윤동주 시인이 쓴 '서시'의 일부야. 윤동주 시인은 일제 강점기에 일본에 저항한 시인이었어. 윤동주 시인은 일제의 탄압에도 절대 일본어로 시를 짓지 않았어. 그리고 독립운동을 한다는 죄목으로 일본 경찰에 잡혀서 스물일곱 살에 감옥에서 죽고 말지. 일본에 나라를 빼앗기고 나서 윤동주 시인은 일본어로 시를 지어 발표하자는 유혹도 받았고, 일본에 협조하여 편하게 사는 방법을 택할 수도 있었어. 하지만 어떤 것이 부끄럽지 않은 삶일지 끊임없이 고민하고 고민했지. 그리고 부끄럽지 않은 삶을 살기 위해 노력했어. 그렇게 한순간도 부끄럽지 않기 위해 살다가 젊은 나이에 생을 마감한 거야. 윤동주 시인을 기리며 우리도 부끄러움에 대한 생각을 한 번 더 해 보았으면 좋겠구나.

하여 잘못된 일에 대해 부끄러워하는 마음이 껴 있어. 부끄러움을 아는 것은 인간이 인간다워지는 필수 조건이라고 강조하고 있지.

그럼 우리는 어떻게 해야 덜 부끄럽게 살 수 있는 걸까? '부끄러울 치恥' 자에 '귀 이耳' 자가 들어간 이유는 귀가 붉어져서만일까? 옛사람들은 듣는 것을 말하는 것보다 중요하게 여겼어. 부끄러워할 치에 귀 이가 있는 까닭도 그 때문이라고 생각해. 귀로 잘 듣고 나서 행동하고 말해야 부끄러워할 일이 줄어드는 거야. 상대에 귀 기울이지 않고 자신만 드러내다가는 실수를 저지르기 쉽고, 자기 좋을 대로만 행동해서 부끄러워지는 경우가 생기니까. 그리고 옳은 일이 무엇인지 깨달았다면 그것을 지켜 내는 용기도 가져야 할 거야.

죽는 날까지 하늘을 우러러
한 점 부끄럼이 없기를.
잎새에 이는 바람에도
나는 괴로워했다.

- '서시' 중에서

부끄러움을 알아야 귀도 빨개지지 — 49

부끄러운 행동을 할 수도 없을 거고.

두 번째는 수오지심羞惡之心이야. '부끄러울 수羞'에 '미워할 오惡' 자가 쓰여서 '부끄러워하고 미워하는 마음'이지. 부끄러워하고 미워하는 마음은 어떨 때 생길까? 바로 정의를 추구하며 고민할 때 생긴단다. 정의롭지 못한 행동을 할 때 부끄럽고, 정의롭지 못한 것을 볼 때 화가 나고 미울 거야. 그러니 정의롭지 못한 것은 사람답지 못한 것이란 뜻이지. 앞서 공자가 한 말과 비슷해.

세 번째는 사양지심辭讓之心이야. 사양지심은 '양보하는 마음'이지. 자기의 이익만 챙기는 것이 아니라 더불어 살기 위해 양보하고 배려하는 마음이야. 동양 철학에서는 더불어 사는 것을 매우 중요한 가치로 여겨. 나만 잘사는 것은 정말 잘사는 것이 아니라고 하지. 그런데 이건 우리도 쉽게 느낄 수 있어. 친구에게 슬픈 일이 생기면 나도 슬퍼지잖아. 음식을 먹을 때도 혼자 먹는 것보다 여럿이 어울려 먹을 때 더 맛있게 느껴지고 말이야. 그러니 조금씩 양보해서 모두 함께 즐기는 것이 사람다운 삶을 사는 방법일 거야.

네 번째는 시비지심是非之心이야. 다툼이 생겼을 때 '시비를 가려 보자'고 말할 때가 있어. '시비是非'라는 건 옳고 그름을 가리는 거지. 무엇이 옳고 그른지 생각하는 거야. 제대로 된 판단을 해내는 것이지. 바른 가치관을 가져야 한다는 거야.

지금 본 것처럼 맹자가 말한 사단四端에는 수오지심羞惡之心이라

처나게 되지. 우리 민족을 짓밟았던 일본이나 친일파들은 제대로 된 사과를 해야 해. 그리고 그 잘못에 대한 대가를 기꺼이 지는 자세도 가져야 하지. 그래야 부끄러움을 용서하고 모두 함께 미래로 나아갈 수 있을 거야.

공자는 도道가 서지 않은 나라에서 부귀하게 사는 것은 부끄러운 일이라고 했어. '도'라는 말에는 정의롭다는 의미가 담겨 있어. 그러니까 정의롭지 않은 나라에서 잘 산다는 건, 정의롭지 않은 일에 따랐다는 것이니 결국 부끄러운 일이 되는 거야. 공자처럼 옛사람들은 부끄럽지 않게 살기 위한 고민을 많이 했어. 맹자도 비슷한 고민을 했지.

맹자는 사람이 가져야 할 기본적인 네 가지 마음, 사단四端을 주장했어. '사단'이 없다면 사람이라고 할 수 없다고 했지.

제대로 사과도 하자.

첫 번째는 측은지심側隱之心이야. 측은지심은 불쌍히 여기는 마음이란다. 불쌍하다고 말할 때 '측은하다'고도 말하잖아. 그런데 그런 마음이 생기는 것은 상대의 마음이나 상태를 헤아려 보았을 때야. 상대를 이해하고 공감할 때 측은지심이 생기지. 이런 마음이 있다면 다른 사람에게 쉽게 악한 행동을 할 수 없을 거야.

늘날까지도 교수에 장관, 국회의원까지 하며 사회 지도층으로 불리고 있어. 참으로 부끄러움을 모르는 사람들이지. 이들이 이렇게 아무 반성 없이도 잘살 수 있는 것은 우리 사회 역시 아직 바로 서지 못했다고 할 수 있어. 이들에게 부끄러움에 대한 반성을 요구하지 않았기 때문이지. 친일이라는 엄청나게 부끄러운 짓을 하고도 아무 잘못 없는 척 살게 했으니 이제는 웬만한 부끄러움에는 용서를 빌지 않는 사회가 되었어. 그냥 슬그머니 감추고 넘어가 버리면 된다고 생각하기 시작한 거지. 큰 잘못을 반성하지 않고 덮으려 하다 보니 시간이 지날수록 숨기고 감춰야 할 일들이 점점 늘어만 갔어. 거짓말이 거짓말을 낳는 것처럼 말이야.

부끄러운 일은
반성하자.

사람은 누구나 실수를 할 수 있어. 잘못도 저지를 수 있지. 그래서 세상에는 '용서容恕'라는 말이 있는 거야. 잘못을 꾸짖거나 벌하지 않고, 너그럽게 이해해 주는 거지. 하지만 부끄러움을 알고 고백하지 않으면 용서는 있을 수가 없어. 부끄러움에 대해 깊이 반성하고, 잘못을 저지른 상대에게 진심으로 용서를 구하는 행동이 반드시 필요해. 부끄러움을 반성하지 않는 사람에게 부끄러움을 씻어 낼 방법은 없어. 그리고 그런 사람이 모인 세상은 부끄러워할 일이 넘

고 치욕스런 일이었어. 하지만 절대 잊어서는 안 되는 역사야. 경술국치는 우리 역사와 일본 역사, 세계 역사 속에서 따져 보아야 할 큰 문제이고, 그 역사 속에서 고초를 당한 사람들을 위로하고 돕는 일은 오늘날까지 계속되어야 하지.

경술국치를 생각하며 한 가지 더 따져 볼 것이 있어. 그건 친일파의 문제야. 당시 우리나라가 일본의 식민지가 되는 데 앞장선 건 일본 사람뿐이 아니었어. 우리나라 사람인 친일파들은 일본에 나라를 팔아먹고, 자신은 일본의 귀족이 되고 관리가 되어 호의호식했지. 그들은 일본의 국민이 된 것이 영광이라며 우리나라 청년들에게 전쟁터로 나갈 것을 권유했고, 일본군이 벌인 전쟁을 돕기 위해 무기를 사서 바치는 일도 마다하지 않았어. 또 우리나라 독립을 위해 목숨 바쳐 일하는 독립운동가들을 탄압하는 일도 했지. 아마 일본의 탄압보다 친일파들의 탄압이 우리 민족에겐 더 아팠을 거야.

그런데 더 기가 막힌 건, 우리나라가 일본에게서 해방된 이후의 일이야. 우리나라를 침략한 것도 모자라 전 세계 여러 나라와 전쟁을 벌인 일본은 제2차 세계 대전에서 패하고 말지. 그 결과 일본은 서둘러 우리나라에서도 떠나야 했어. 이때 친일파들은 어땠을까? 일본에 붙어 잘 먹고 잘살며 같은 민족을 괴롭히던 친일파들에게 부끄러움이란 없었어. 친일 행적으로 얻은 재물과 땅을 원래 제 것이었던 듯 버젓이 계속 누리며 살았지. 그리고 그런 친일파들과 후손들이 오

를 끼칠 때 미안한 마음을 가지는 거야. '수치'스런 상황에서도 마음
속에 '염치'가 없다면 부끄러움은 느낄 수가 없겠지. 파렴치는 바로
이런 상태를 말해. 염치廉恥에 '깨트릴 파波'를 붙여서 '염치라는 것
이 존재하지 않는' 거지. 그래서 도덕적으로 부끄러운 일을 저지른
뻔뻔한 사람을 '파렴치하다'고 말하고, 그런 일을 저지른 사람을 '파
렴치범'이라 해서 죄를 묻고 벌을 주기도 해.

그리고 이런 파렴치한 사람들에게는 얼굴이 두껍다는 이야기도 많
이 하지. 이건 '후안무치厚顔無恥'라는 사자성어에서 나온 말이란다.
'두터울 후厚'에 '얼굴 안顔'을 써서 '얼굴이 두꺼워 부끄러움이 없다'
는 거지. 부끄러워 귀가 빨개지는 것처럼 얼굴도 붉어지는데, 후안무
치는 부끄러움을 느끼지 못해서 얼굴이 붉어지지 않고 뻔뻔한 일을
할 정도로 얼굴이 두껍다는 뜻이야.

치恥와 관련하여 우리 역사에는 잊을 수 없는 부끄러움인 경술국
치庚戌國恥가 있단다. 경술국치는 '경술년에 당한 나라의 수치'라는
뜻으로 경술년인 1910년, 우리나라는 국권을 일본에게 빼앗겼어. 경
술국치로 인해 우리나라는 일본의 지배를 받아야 했지. 일본은 제멋
대로 우리나라를 휘젓고 다니며 자원과 식량을 빼앗아 갔고, 사람들
의 이름을 일본식으로 바꾸고, 우리말과 글도 쓰지 못하게 했어. 우
리의 젊은 청년들은 일본 군인이 되어 일본이 벌인 전쟁터로 끌려가
고, 소녀들은 위안부로 끌려갔지. 경술국치는 우리에겐 참으로 아프

부끄러움을 알아야 귀도 빨개지지 — 43

으니까. 우리가 부끄러움을 느낄 때를 한번 떠올려 볼까? 너무 창피해서 어디론가 숨고 싶을 때 얼굴이 화끈거리고 귀까지 붉어진 적이 있지? 옛 사람들도 이런 경험을 한 모양이야. 부끄러운 마음이 들어 귀가 빨개지는 것을 통해 '부끄러울 치恥'를 표현했으니 말이야.

우리는 부끄러움을 어떻게 여겨야 할까? 한자어를 살펴보며 생각해 볼까? 치恥가 들어간 한자어로는 수치羞恥, 염치廉恥, 파렴치破廉恥가 있어. 수치羞恥는 '부끄러울 수羞'와 '부끄러울 치恥'가 만나 창피하고 부끄러운 마음을 뜻해. 염치廉恥는 '살필 염廉'과 '부끄러울 치恥'가 만나 부끄러움을 살펴 다른 사람에게 신세를 지거나 폐

耳 + 心 = 恥

귀 이 　　　마음 심 　　　부끄러울 치

恥

부끄러울 치

'손바닥으로 하늘을 가릴 수 없다'는 말 들어 봤니? 자기의 잘못이나 부족함을 가리고 숨기려 해도 모두 숨길 수는 없다는 말이지. 잘못을 저지르고도 아닌 척 시치미를 떼지만 누군가는 그것이 잘못인 걸 알게 되어 있어.

그런데 평생 잘못을 저지르지 않는 사람이 있을까? 그런 사람은 아마 없을 거야. 잘못은, 몰라서도 실수로도 한 번쯤은 저지르게 되니까. 이때 필요한 게 부끄러움이야. 잘못에 부끄러움을 느껴야 정직하게 사과하고 바로잡을 수 있지.

'부끄러울 치恥'는 자신의 잘못을 귀로 듣고 느끼는 마음을 뜻해. 그래서 '귀 이耳'와 '마음 심心'이 모여 있지. 그런데 다르게 볼 수도 있을 것 같아. 부끄러움은 누군가 지적하지 않아도 느껴질 때가 있

부끄러움을 알아야 귀도 빨개지지 — 41

3장

耻心

부끄러움을 알아야
귀도 빨개지지

생활이 되풀이되다 보면 저절로 몸에 익은 행동이 생깁니다. 이것이 습관입니다. 사람마다 습관이 있을 수 있는데 좋은 습관이 들면 좋겠지만 나쁜 습관이 생기면 고치기 어려워서 애를 먹기도 합니다. 속담에 '세 살 버릇 여든까지 간다'는 말이 있는데, 한자로 나타내면 '삼세지습지우팔십三歲之習至于八十'입니다. 세 살에 만들어진 습관이나 버릇이 여든 살이 될 때까지 이어진다는 것이니 그만큼 버릇을 고치는 것이 어렵다는 뜻이 됩니다. 그래서 우리는 좋은 습관을 들이는 노력을 기울여야 합니다. 좋은 습관은 매일 매일의 노력이 쌓여 만들어집니다. 일정 기간 애를 써서 만든 습관은 어른이 될 때까지 이어질 테니 조금 참고 시작해 보면 어떨까요?

學'과 '익힐 습習'이 만났지요. 그래서 학습은 배우고 익히는 것입니다. 머리로 배우는 것에서 멈추지 않고 몸으로 익히는 것까지가 학습입니다. 배움에는 실천이 함께해야 함을 강조한 것입니다. 쓰레기가 환경에 미치는 영향을 배웠다면 쓰레기를 줄이는 생활을 실천해야 온전히 학습했다고 여길 수 있습니다. 학습에 반드시 실천이 따라야 함을 잊지 않기 바랍니다.

습習 자가 가진 또 다른 중요한 의미는 '익숙하다'는 것입니다. 날갯짓을 반복하다 보면 어느새 몸에 익숙해질 것입니다. 이 의미를 통해 습관習慣, 습성習性, 풍습風習, 관습慣習 등의 한자어가 만들어졌습니다.

習과 관련된 한자어

學習(학습) 배우고 익히는 것.

演習(연습) 실제로 하는 것처럼 하면서 익히는 것.

自習(자습) 스스로 공부하여 익히는 것.

實習(실습) 실제로 경험하여 익히는 것.

習慣(습관) 오랫동안 되풀이하여 저절로 익고 굳어진 행동.

習性(습성) 몸에 익은 행동, 성질.

風習(풍습) 옛날부터 전해 오는 그 사회의 생활 전반에 걸친 습관.

慣習(관습) 옛날부터 전해진 질서나 풍습.

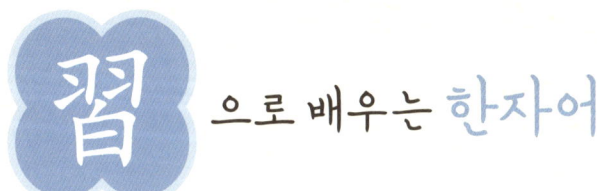

習 으로 배우는 한자어

習습은 '익히다' '배우다' '익숙하다'의 의미를 가진 한자입니다. 이런 의미를 가지게 된 것은 習습 자의 모양새를 통해 이해할 수 있어요. 習습은 '깃 우羽'와 '흰 백白'이 합쳐진 글자입니다. '깃 우羽'는 새의 날개를 본뜬 것이고, '흰 백白'은 옛날에는 아직 어리고 부족한 것을 뜻했지요. 그래서 習습은 아직 어린 새의 날갯짓을 의미합니다. 어린 새가 날기 위해서는 어떻게 해야 했을까요? 부지런히 날갯짓을 연습했을 것입니다. 그것이 바로 익히는 것이고, 배우는 것이었습니다. 배움은 새의 날갯짓처럼 계속되어야 하는 것이지요. 한편 이렇게 하다 보면 어느새 몸에 익숙해지는 것이기도 했습니다. 그래서 習습은 '익히다' '배우다'의 뜻과 함께 '익숙하다'는 의미를 갖게 되었습니다.

習습 자로 만들어진 대표적인 한자어는 학습學習입니다. '배울 학

배움은 새의 날갯짓처럼 — 35

너무 고민하지 말기를 바라. 공부는 높은 점수를 얻기에 급급한 것이 아니라 어울려 살기 위한 배움인 거야. 양보하고, 이해하고, 나누고, 공감하는 것을 배우는 거지. '익힐 습習'의 날갯짓처럼 멈추지 말고 양보, 이해, 나눔, 공감을 온몸에 익혀 보자고.

아 내지 못할 것이다. 답답한 것이 걱정이라고 했지? 공부는 누구에게나 어려운 것이다. 처음 배우는 것은 낯설어서 어떤 것은 알겠고 또 어떤 것은 모르겠어서, 아는지 모르는지도 모르는 경우가 많아. 울퉁불퉁한 상태인 거지. 그럴 때는 계속 지식을 갈고 닦아야 하는 거야. 그러면 윤이 나는 상태가 되는 것이란다. 꾸준히 하면 답답함은 아무 문제가 되지 않는단다."

스승 정약용의 이야기가 끝나자, 아이의 입가에는 슬며시 미소가 번졌어.

"큰 구멍을 뚫으려면 어떻게 해야 할까? 막힌 물길을 내려면 어찌해야 할까? 투박한 것에 윤기를 내려면 어찌해야 할까? 모두 부지런히 하면 되는 것이다. 공부는 꾸준히 부지런히 해야 하는 거야."

스승의 가르침에 아이는 고개를 끄덕이며 알겠다고 답했어. 그런 아이를 보며 정약용은 '삼근계三勤戒'라는 글자를 써 주었지. 삼근계는 '셋 삼三'에 '부지런할 근勤' '경계할 계戒'로 '세 가지 부지런함'을 뜻해. 곧 '부지런하고, 부지런하고, 부지런하라'는 가르침을 담고 있지. '익힐 습習'에서 새의 날갯짓처럼 배움을 익히라고 한 것과 비슷하지?

배우고 익히는 공부는 부지런히 하면 되는 것일 뿐, 당장 잘하니 못하니 걱정할 필요가 없어. 시대가 변했어도 공부란 것은 결국 자신을 키우기 위한 것이기 때문에 정약용의 말은 우리에게도 해당이 되지. 당장 쓸모가 있을까 없을까, 당장 빛을 발하지 못하면 어쩌나

배움은 새의 날갯짓처럼 — 33

믿고 노력하지 않으니 학문을 제대로 익힐 수 없단다. 두 번째 문제는 예리하게 글을 잘 짓는 것이다. 문제의 핵심을 잘 파악하니 글을 빨리 써 낼 수 있을 것이다. 하지만 스스로 재주가 뛰어나다는 것을 알고 진중한 글쓰기를 하지 못하지. 세 번째는 깨달음이 빠른 사람이다. 쉽게 깨달음을 얻으면 그 깊이는 깊지 못한 법이거든."

아이는 여전히 스승의 뜻을 다 알 수 없었어.

"내가 보기엔 너 같은 아이가 공부하기에 알맞다. 구멍을 쉽게 뚫으려 할 때 보통 사람들은 끝이 날카로운 송곳을 이용하지. 송곳으로는 구멍을 빨리 뚫을 수 있어. 하지만 크게 뚫을 수는 없단다. 그리고 날카로운 송곳으로 뚫은 작은 구멍은 쉽게 막혀 버리기도 해. 둔탁한 것으로 구멍을 뚫으면 어떨까? 쉽게 구멍이 나지는 않을 거야. 하지만 힘들게 구멍을 뚫고 나면 큰 구멍이 되는 것이다. 큰 구멍은 쉽게 막히는 법이 없지. 그러니 둔한 것은 공부에 해될 것이 하나도 없단다."

아이를 지긋이 바라보며 정약용은 다시 이야기를 이었어.

"앞뒤로 꽉 막혀 융통성이 없는 것이 걱정이냐? 많은 비가 내려 막혀 있는 물을 본 적 있니? 구덩이에 모여 흘러가지 못하는 물은 그 안에서 뱅뱅 돌기만 한단다. 꽉 막힌 것이 답답해 보이지. 하지만 농부가 흙을 파 한쪽에 길을 내면 그 흐름은 누구도 막을 수가 없단다. 통쾌하게 느껴질 정도야. 꽉 막힌 네게 길이 날 때는 누구도 막

유배지로 보내졌어. 외로운 유배지에서 정약용은 수많은 책을 썼고, 서당을 열어 아이들을 가르쳤지. 정약용은 아이들에게 사람의 도리를 가르치고 글을 가르쳤어. 그러던 어느 날이었어.

"스승님, 공부를 열심히 하고 싶긴 합니다. 그런데 저 같은 아이도 공부할 수 있을지 걱정입니다."

공부를 마치고 한 아이가 스승인 정약용 앞에서 어렵게 자신의 이야기를 꺼냈어. 늘 성실하게 공부하던 아이라 정약용은 의아하게 생각했지.

"무엇이 문제라고 생각하는 게냐?"

"제게는 세 가지 문제가 있습니다. 첫째, 저는 너무 둔합니다. 둘째는 앞뒤가 꽉 막혔지요. 셋째는 답답한 것입니다. 어른들은 저를 보고 늘 답답하다고 하셨어요."

이야기를 들은 정약용은 가만히 고개를 끄덕였어. 그러고는 이런 말을 들려주었지.

"배우는 사람에게는 보통 세 가지 문제가 있단다. 그런데 너는 그 세 가지 중 하나도 해당되는 것이 없어서 다행이구나."

아이는 스승의 말을 이해할 수 없었어. 그러자 정약용이 찬찬히 설명을 이었지.

"배우는 사람의 첫 번째 문제는 민첩하게 외우는 것이다. 민첩하게 내용을 금방 외워 버리면 내용을 깊이 고민하지 않지. 좋은 머리만

'완고하다'는 다른 것이 들어올 틈이 없다는 거야. 다른 사람의 생각이나 말에 귀 기울이지 않는 거지. 이런 사람은 자신과 의견이 다른 사람을 만나면 싸울 수도 있어. 상대의 의견이 틀렸다며 듣지 않으려 하거나 무시하다 보면 싸움이 일어나는 거지. 그러면 세상은 어떻게 될까? 여기저기 싸움판이 벌어질 거야. 서로 미워하는 일도 흔할 거고 말이야. 공자는 이런 일을 걱정했어. 사람이 배우고 익히면 완고해지지 않을 것이고, 완고해지지 않으면 다툼을 막을 수 있지. 그러면 함께 사는 세상은 어떤 모습일까? 즐거운 세상이 될 거야. 함께 배우고 익혀서 다투지 않는 좋은 세상이 되는 거지.

공자의 말씀에 따르면 우리는 당장 수학 문제 하나를 더 풀기 위해서만 공부하는 것이 아니야. 자신의 것과 다른 생각과 상황이 있음을 배우는 거야. 그리고 그럴 때 어떻게 행동해야 하는지 고민하게 되지. 배움 속에서 서로 어울려 잘 사는 방법을 찾는 거야.

그런데 여전히 고민스런 친구가 있구나. 평소 나는 머리가 나빠서 공부를 못한다고 주눅이 들어 있는 친구가 있어. 하지만 공부는 머리로만 하는 게 아니란다. 이번에는 정약용이 가장 사랑했던 제자의 이야기를 들려줄게. 정약용은 왜 그 제자를 유독 아꼈던 걸까?

조선의 대학자인 정약용에게는 황상이란 제자가 있었어. 정조의 총애를 받으며 수원 화성 축조를 맡아 하는 등 열심히 나랏일을 하던 정약용은 정조가 갑자기 세상을 떠난 후, 반대 정치 세력에 의해 안중근 의사는 '하루라도 책을 읽지 않으면 입에 가시가 돋는다'고 말했어. 입에 가시가 돋는다는 건 어떤 의미일까? 책을 안 읽으면 입병이라도 난다는 걸까? 이건 책을 통해 자신을 돌아보고 수양하지 않으면 가시가 돋은 듯 거친 말을 하게 된다는 의미야. 책 읽기를 꾸준히 해서 바른 생각과 몸가짐을 유지하라는 거지.

평소 존경해 왔던 안중근 의사까지 책 읽고 공부하라는 잔소리를 하는 것 같아 혹시 마음이 언짢니? 어른들은 늘 공부, 공부하는데 도대체 우리는 왜 책을 읽고 배우고 익히는 공부를 해야 하는 걸까? 공부는 꼭 잘해야만 하는 걸까?

공자의 말씀을 모아 놓은 《논어》를 보면 가장 먼저 나오는 말이 '학이시습지學而時習之 불역열호不亦說乎'야. '때때로 배우고 익히면 기쁘지 아니한가'라는 뜻이지. 논어를 펼치면 놀라운 배움을 얻을 수 있을 줄 알았는데 첫 줄부터 공부하면 기쁘다고 하니 또 잔소리를 듣는 느낌이니? 그런데 《논어》에 이 말이 처음에 등장한 걸 보면 공자가 배우고 익히는 것을 얼마나 중요하게 여겼는지 알 수 있단다.

그럼, 공자는 왜 공부를 중요하게 여긴 걸까? 논어에는 배움과 관련하여 '학이불고學而不固'라는 말이 있어. 여기서 '학'은 '배울 학學'이고, '고'는 '굳을 고固' 자로 완고하다는 의미로 쓰였어. '불'은 '아닐 불不' 자로 뒤의 한자를 부정하는 의미지. 그러니까 이 말은 '배우면 완고해지지 않는다'는 뜻이야. 완고하다는 건 뭘까? 여기에서 말하는 통해 지식을 머리로 이해했다면 그다음엔 몸에 익히는 거지. 그래서 학습은 머리로 아는 것에서 멈추지 않고 배운 대로 실천하는 것까지 해당이 돼.

옛사람들은 무엇을 안다는 것은 곧 그것을 실천하는 것이라고 보았어. '예의'가 무엇인지 배웠다면 실제 생활에서 예의 바른 행동을 해야 온전히 안다고 할 수 있는 거지. 옛날 선비들이라면 으레 조용히 앉아 책만 보았을 것으로 아는데, 그렇지 않아. 선비들은 배움을 아는 것에 그치지 않고 실천하는 데 노력했단다.

실천의 뜻을 담은 습習과 관련한 한자어에는 스스로 공부하여 익히는 자습自習, 실제로 하는 것처럼 하면서 익히는 연습演習, 이론적으로 배운 것을 실제로 경험하여 익히는 실습實習이 있어. 그리고 오랫동안 되풀이하여 몸에 익은 행동을 할 때면 습관習慣, 습성習性이라고 하지.

사람에겐 자신만의 습관이 있는 경우가 많아. 유명한 독일 철학자 칸트에게는 매일 새벽 산책하는 습관이 있었어. 칸트는 일정한 시간에 일어나서 산책을 하고 하루를 시작했어. 그런데 그것이 얼마나 정확했는지 칸트가 산책 나가는 걸 보고 그 마을 사람들이 멈춘 시계를 맞출 정도였다고 해. 칸트는 매우 규칙적인 생활 습관을 가지고 있었던 거지.

위대한 독립운동가인 안중근 의사에게는 책 읽는 습관이 있었지.

배움은 새의 날갯짓처럼 — 27

學'과 '익힐 습 習'으로 구성되어, 배우고 익힌다는 것을 뜻하지. 학學 자를 살펴보면 윗부분 臼은 손으로 나뭇가지를 든 모습을 본떠서 만 들었어. 이것은 나뭇가지를 세는 모습으로 볼 수도 있고, 회초리를 든 모습으로 볼 수도 있어. 그리고 아랫부분을 보니 '집 면'과 '아 들 자子'가 있어. 글자의 위아래를 연결해 보면 집에서 아이에게 숫 자 세는 법을 가르치는 거야. 혹은 회초리를 들고 자식을 가르치는 거지. 그래서 이 글자가 '배우다'의 의미를 가지게 되었어.

그런데 학學 자와 습習 자는 비슷한 듯하지만 의미에 차이가 있어. '배울 학學'은 지식을 배워서 아는 것을 뜻해. 지식을 머리에 넣는 거 야. 하지만 '익힐 습習'은 배운 것을 몸에 익히는 것을 뜻해. 배움을

羽 + 白 = 習

깃 우 흰 백 익힐 습

26 — 나를 들여다보는 한자

익힐 습

'익힐 습習'은 '깃 우羽'와 '흰 백白'을 합쳐서 만든 글자야. 먼저 '깃 우羽' 자는 새의 깃 모양을 본떠서 만들었지. 그리고 여기에서 '흰 백白' 자는 흰색의 새를 의미해. 옛날에는 '흰 새'가 '어린 새'를 뜻했어. 이 글자들이 왜 '익힐 습習'에 쓰이게 된 걸까?

새가 하늘로 날아오르는 걸 본 적 있니? 새는 쉴 새 없는 날갯짓으로 하늘을 날아. 날갯짓을 게을리해서는 하늘로 날아오를 수가 없지. 날기를 막 배우는 어린 새의 경우에는 더 열심히 날갯짓을 하겠지? 배움도 이와 같단다. 새가 하늘을 날기 위해 쉼 없이 날갯짓을 하듯이 배움도 쉼 없이 해야 하는 거야. 그래야 온전히 배우고 익힐 수 있는 거지.

'익힐 습習'이 들어간 한자어로는 학습學習이 대표적이야. '배울 학

배움은 새의 날갯짓처럼 ─ 25

2장

習

배움은 새의 날갯짓처럼

나를
들여다보는
한자

바른 인성을 길러 주는 한자 이야기 **❶**

나를 들여다보는 한자

초판 1쇄 펴냄 2018년 5월 17일
　　2쇄 펴냄 2019년 7월 1일

글 김경선
그림 권정훈
펴낸이 고영은 박미숙

펴낸곳 뜨인돌출판(주) | 출판등록 1994.10.11.(제406-251002011000185호)
주소 10881 경기도 파주시 회동길 337-9
홈페이지 www.ddstone.com | 블로그 blog.naver.com/ddstone1994
페이스북 www.facebook.com/ddstone1994
대표전화 02-337-5252 | 팩스 031-947-5868

ⓒ 2018 김경선

ISBN 978-89-5807-683-4 73190

이 도서의 국립중앙도서관 출판예정도서목록(CIP)은 서지정보유통지원시스템 홈페이지
(http://seoji.nl.go.kr)와 국가자료종합목록시스템(http://www.nl.go.kr/kolisnet)에서
이용하실 수 있습니다. (CIP제어번호 : CIP2018013265)

어린이제품안전특별법에 의한 제품표시
제조자명 뜨인돌어린이 **제조국명** 대한민국 **사용연령** 만 8세 이상

피콜로출판사

틀을 허무는 경계

김양길 글 | 김정용 그림
- - - - - - - - - - - - - -
비틀 인상을
칠하 호는
동자 이야기

:: 작가의 말

한자를 익히면서 생각도 키워 보아요

이 책은 좀 이상한 책입니다. 한자를 가르쳐 주는 것 같으면서 어느새 다른 이야기를 하고 있지요. '다른 이야기'에는 공자, 맹자, 묵자, 소크라테스, 데카르트 같은 사상가 이야기가 있고 간디, 히틀러, 정약용 같은 역사 속 인물의 이야기도 있습니다. 그래서 이 책이 한자를 공부하기 위한 책인지, 철학책인지, 역사책인지 헷갈릴 수 있어요. 그런데 이렇게 글을 쓴 이유는 우리 친구들에게 꼭 하고 싶은 이야기가 있었기 때문입니다.

급변하는 세상 속에서 우리나라는 발전과 기술에 매달려 왔습니다. 식민지 상황에 전쟁까지 겪으며 무너진 나라를 일으키기 위해서는 어쩔 수 없는 면이 있었을 겁니다. 하지만 발전만 쫓는 과정에서 우리의 마음은 피폐해졌습니다. 지나친 경쟁에 마음은 늘 조급했고, 주위는 경쟁자들로 가득한 듯 인심이 각박해졌지요. 이것은 우리 어린이들에게도 고스란히 영향을 미쳤습니다. 경쟁에 내몰린 어린 친구들에게 경쟁에서

이기는 것만 중요한 것이 아니라는 이야기를 해 주고 싶었습니다. 좋은 사람, 훌륭한 사람이 되는 방법은 경쟁이 아니라 어울림이라고 말해 주고 싶었습니다. 그것이 우리가 살기 좋은 세상을 만드는 길이라고요.

그래서 한자 교육에 발을 걸치고, 동양 철학을 비롯한 인문학을 바탕으로 어떻게 살 것인가에 대한 이야기를 담게 되었습니다. 한자를 익히면서 생각도 키웠으면 했지요. 한자 한 글자를 시작으로 그 글자가 어떤 의미에서 어떻게 만들어졌는지 살피고, 관련 한자어를 익힌 뒤에, 《논어》를 비롯한 동양 고전과 여러 인문학의 내용을 통해 어떻게 살 것인지, 어떤 세상을 만들 것이지를 고민해 보는 것입니다. 한자를 익히다 보면 어느새 자신과 세상을 돌아보게 되지요.

책에서 인성에 대해 이야기하는 이유는, 좋은 세상을 만드는 일은 좋은 인성을 가진 사람에게서 시작된다고 믿기 때문입니다. 세상의 리더들이 좋은 인성을 가진 사람이었으면 합니다. 그렇다면 리더들이 당장 맡은 일을 잘하지 못한다 해도 불안하거나 화가 나지 않을 것 같습니다. 좋은 사람에겐 언제나 희망이 있기 때문이지요. 이 책을 통해서 미래의 리더로 자랄 우리 친구들이 자신의 이익에 앞서 사람을 소중하게 생각하는 인성을 키워 간다면 정말 좋겠습니다.

2018년 4월 김경선

:: 차례

작가의 말 ·········· 4

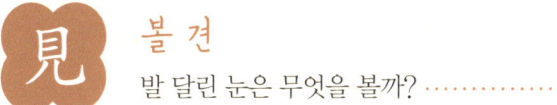

見 볼 견
발 달린 눈은 무엇을 볼까? ····················· 8

習 익힐 습
배움은 새의 날갯짓처럼 ························· 22

恥 부끄러울 치
부끄러움을 알아야 귀도 빨개지지 ············· 38

 **생각 사**
생각이 생각을 키운다 ································· 54

 **믿을 신**
진실한 말에서 믿음은 시작되니 ··············· 68

 **참을 인**
칼날의 아픔을 참는 것 ···················· 84

 **용서할 서**
내 마음과 네 마음이 같으면 ················· 102

부록 : 한자의 속살 : 한자는 어떤 글자일까요? ············· 118

1장

見

발 달린 눈은 무엇을 볼까?

볼 견

'볼 견見'은 '보다'라는 뜻을 가졌고 읽을 때는 '견'으로 읽어. '볼 견見' 자를 가만히 들여다봐 봐. '눈 목目' 자가 보이니? 목目은 사람의 눈을 본떠서 만든 글자야. 눈은 우리 몸의 시각 기관으로, 본다는 의미의 견見 자에는 꼭 필요하지.

견見은 '눈 목目' 자 아래에 '사람 인人' 자를 붙여 놓았어. '눈 목'과 '사람 인'이 어우러져 '볼 견'이 만들어진 거야. 그런데 이렇게 보니 그 모습이 꼭 눈에 다리가 달린 것처럼 보이지 않니? 다리 달린 눈이라. 그 눈은 무엇을 볼까?

다리가 달린 눈은 이리저리 돌아다니며 보고 싶은 것을 보고 다녀. 여기도 기웃거리고 저기도 기웃거리지. 어떤 것은 흥미로워 한참을 들여다보고, 또 어떤 것은 보지도 않고 지나쳐 버려. 그리고 어떤 것은 보았으면서도 못 본 듯이 눈을 슬쩍 감아 버리기도 한단다. 이 뿐이 아니야. 다리가 달린 눈은 자기가 서 있는 곳에서 볼 수 있는 것만 보기도 해. 자기만의 보는 방법을 만드는 거지. 이런 식으로 세상을 봐서 생겨난 한자어가 여럿 있어.

먼저 견해見解는 견見과 '풀 해解'가 만나 만들어진 말이야. 어떤 사물이나 현상을 보고 자신의 생각으로 풀어내는 것이 견해지. 발달린 눈이 자신이 원하는 곳에 서서 대상을 보고 이해하는 거야. 이때 견은 '본다'는 뜻과 함께 '보아서 생긴 생각'도 나타내지.

견이 쓰인 한자어로는 편견도 있어. 편견偏見은 '치우칠 편偏'과 견

目 + 人 = 見

눈 목   사람 인   볼 견

見이 만나서 만들어졌어. 다리 달린 눈이 한쪽으로 치우쳐 있는 것인데 이렇게 한쪽으로 치우쳐서 보면 어떻게 될까? 한쪽으로 치우친 생각을 갖게 될 거야. 그래서 편견은 한쪽으로 치우친 생각을 말해. 편견을 갖게 되면 세상을 공정하게 보기가 힘들어. 그건 선입견이 있을 때도 마찬가지야. 선입견先入見은 '먼저 선先'과 '들어올 입入' 그리고 견見이 만나서 생긴 한자어야. '먼저 들어온 견해'가 선입견인 거지. 선입견은 제대로 따져 보기 전에 이미 마음속에 생긴 생각으로 대상을 보고 판단하는 거야. 이런 경우에도 제대로 판단하기는 어렵겠지?

편견과 선입견으로 만들어진 견해는 세상을 위험에 빠트리기도 한단다. '히틀러'라는 사람에 대한 이야기를 들어 봤니? 히틀러는 제2차 세계 대전을 일으킨 독일의 정치가야. 전쟁으로 세상을 바꾸려는 위험한 생각을 했지. 게다가 히틀러는 인종에 대한 편견이 대단한 사람이었어.

히틀러가 편견을 갖게 된 이유는 여러 가지가 있을 거야. 그중 몇 가지를 소개하면 이래. 화가가 되고 싶었던 히틀러는 미술 학교 시험에 응시했지만 떨어지지. 그리고 얼마 뒤에는 어머니가 돌아가시고 말아. 암에 걸린 히틀러의 어머니를 의사가 정성껏 치료하고 히틀러도 열심히 간호했지만 결국 돌아가신 거야. 히틀러는 온 세상을 잃은 것처럼 슬퍼했지. 그런데 젊은 날 히틀러의 괴로움은 이뿐이 아니

발 달린 눈은 무엇을 볼까? — 13

었단다. 히틀러는 한 소녀를 사랑했는데 이 소녀는 히틀러를 거들떠보지도 않았어. 소녀는 곧 다른 청년과 약혼을 했지. 히틀러는 그 청년을 아주 미워했어.

그런데 공교롭게도 방금 한 이야기 속에 모두 유대인이 등장해. 히틀러가 미술 학교에 떨어졌을 때 히틀러의 탈락을 결정한 심사위원 중 네 명이 유대인이었어. 그리고 어머니를 정성껏 치료했지만 끝내 살리지 못한 의사도 유대인이었고, 히틀러가 사랑했던 소녀와 결혼한 청년도 유대인이란다. 당시 유럽에는 많은 유대인이 살았기 때문에 그들이 유대인인 건 특별한 일이 아니었어. 이웃에 남자가 살고, 여자가 사는 것과 같은 일이었지. 그럼에도 히틀러는 그 일에 편견을 가지기 시작했어. 자신을 시험에 떨어뜨리고, 어머니를 죽게 하고, 자기 사랑을 빼앗아 간 나쁜 유대인이라고 생각했지. '나쁜 유대인'이라는 생각은 시간이 지나면서 더욱 강해졌어. 히틀러는 모든 유대인에게 복수할 것을 다짐했지. 편견이 더 큰 편견을 낳은 거야.

정치가가 된 히틀러는 그 편견을 바탕으로 정치를 했어. 독일 민족이 가장 우수하기 때문에 다른 민족을 지배해야 하고, 그중에서도 유대인은 선천적으로 열등하고 해악을 일으키기 때문에 없어져야 한다고 주장했어. 권력을 쥔 히틀러는 어마어마한 '인종 청소'를 시작했어. 곳곳에 강제 수용소를 세워서 유대인을 가뒀어. 수용소에는 일반 유대인뿐 아니라 전쟁 포로, 집시, 동성애자 등도 포함되었어. 그리고 그곳에서 그들을 처참하게 죽였어. 이것을 '홀로코스트'라고 해. 이 말은 원래 사람이나 동물을 대량 학살하는 행위를 가리켰지만, 지금은 주로 제2차 세계 대전 당시 독일군에 의해 자행된 유대인 학살을 뜻하는 말로 쓰여. 홀로코스트로 죽은 유대인은 570만 명이 넘었지. 편견이 얼마나 추악한 행동을 하게 하는지, 또 편견을 가진

사람이 힘을 가졌을 때 세상은 얼마나 위험해지는지 소름이 끼칠 정도야. 자신의 생각이 편견은 아닌지 한번 고민해 봐야겠어.

편견에 대한 고민은 공자도 했단다. 공자는 세계 4대 성인 중 한 사람이야. 성인은 지혜와 덕이 매우 뛰어나서 본받을 만한 사람을 가리키는 말이지. 공자는 평소에 네 가지 습관을 경계하곤 했어. 이것은 《논어》에 잘 담겨 있어. 《논어》는 공자의 제자들이 공자에게 배운 가르침을 모아 놓은 책이지. 《논어》에서 제자들은 평소 공자가 '절사絶四'라 하여 네 가지를 끊어 내야 한다고 가르쳤다고 했어. 여기에서 절은 '끊을 절絶', 사는 '넷 사四'야. 사람이 절대 하지 않아야 할 네 가지를 정해 둔 거지.

절사는 무의, 무필, 무고, 무아였어. '말 무毋'에 '뜻 의意' '반드시 필必' '굳을 고固' '나 아我'가 더해진 말인데, 이 가운데 의意는 '개인의 생각, 사사로운 마음'이란 뜻을 담고 있어. 무의를 통해 공자는 공정하지 못하고 한쪽으로 치우친 생각으로 일과 사람을 판단하지 말라고 했지. 자신이 가진 생각 모두를 부정하는 것이 아니라, 자신만을 위한 생각 그리고 그것이 아니면 안 된다는 생각을 버려야 한다고 한 거야.

공자는 고집쟁이가 아니었나 봐. 나머지 셋도 이와 비슷한 의미들이야. 무필은 반드시 그것이어야만 한다는 것을 버리는 것이고, 무고는 하나만 고집하지 않는 것이며, 무아는 나만 옳다는 것을 버리는 것이거든. 절사를 통해 공자가 매우 유연한 사고와 행동을 했다는 걸 알 수 있어. 그렇게 행동하려고 끊임없이 노력했다는 것도 말이야.

그런데 그런 노력을 한 건 공자만이 아니야. 중국의 오래된 역사서인 《사기》를 쓴 사마천은 이렇게 말했단다.

"주관적인 추측을 하고, 함부로 결심하며, 자신의 견해를 고집하면 자기 잘난 척을 하게 된다. 잘난 척을 하는 이는 사사로운 비밀이 생

발 달린 눈은 무엇을 볼까? — 17

기고, 사사로운 비밀을 감추기 위한 행동을 이어간다. 하지만 반대의 경우, 사적인 것은 사라지고 공적인 것이 생겨나며 모든 것이 뚜렷해진다."

'사사로운 비밀'이라는 것은 개인적인 비밀을 의미해. 남에게 들켜서는 안 되는 비밀에는 정당하지 않은 것도 포함되겠지? 아마 자기의 이익만을 위해 생각하고 행동한 것들일 거야. 그래서 들키지 않으려고 감추는 행동을 하고 말이야. 가끔 국회 청문회에서 잘못한 부분을 물을 때 '모른다'는 말만 되풀이하는 사람을 볼 때가 있어. 잘못을 숨기기 위해 하는 행동이라는게 뻔히 보이는데 자기만 모른다고 기억이 나지 않는다고 하는 걸 보면 참 한심하다는 생각이 들어. 이런 사람들에게는 공자와 사마천의 이야기가 꼭 필요할 거야.

발 달린 눈으로 보는 것은 절대적일 수 없어. 우리는 그 사실을 알고, 발 달린 눈으로 다양한 것을 보고 배우려 노력해야 하지. 편견이나 선입견이 자신의 견해가 되지 않게 조심하길 바라. 편견과 선입견으로는 바른 판단을 하기 어렵거든.

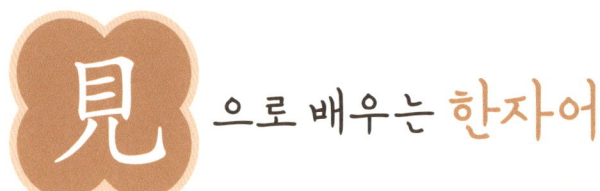

見 으로 배우는 한자어

견見은 '보다'라는 뜻을 가진 한자입니다. 우리 몸의 시각 기관인 '눈 목目'을 통해 '보다'라는 뜻을 나타내지요. 그래서 '눈 목目'이 들어간 한자에는 '보다'라는 의미가 담기곤 합니다.

성省 자는 '살피어 본다'는 뜻을 가지고 있습니다. '작을 소少'와 '눈 목目'이 만나서 '살필 성省'이 된 것이지요. 이것은 눈을 작게 하여 자세히 보는 것입니다. 유심히 보려 할 때면 눈을 가늘게 뜨잖아요? 그런 상태인 것이지요.

'볼 견見' 자를 통해 '보다'는 뜻의 한자가 만들어지기도 합니다. '엿볼 규窺'는 '구멍 혈穴'에 규規가 만났습니다. 엿본다고 하면 어떤 장면이 떠오르나요? 상대에게 몸을 숨기고 들키지 않게 보는 것이지요? 가령 창호지에 구멍을 내고 그곳에 눈을 대고 보는 것처럼요. '엿

볼 규窺'에 '구멍 혈穴'이 쓰인 것이 바로 이런 이유 때문입니다. 구멍을 내서 그 구멍으로 보니 '엿본다'는 글자가 된 것입니다. 앞으로 낯선 한자에 '눈 목目'이나 '볼 견見'이 있다면 보는 것과 관련이 있는 것이 아닐까 추측해 볼 수 있을 겁니다.

이번에는 견과 관련한 한자어를 살펴보겠습니다. 한자를 익히는 것은 결국 한자어를 이해하고 사용하기 위해서입니다. 한자 한 글자만 알고 넘어가지 말고 실제로 그 한자가 어떻게 한자어로 쓰이는지 알아 두세요. 그리고 앵무새처럼 입으로만 떠드는 것이 아니라 그 의미를 깊이 생각해 보세요. 그 말이 가진 의미를 되새기다 보면 어떻게 생각하고 행동해야 하는지 자신의 기준을 가질 수 있으니까요.

먼저 편견偏見은 한쪽으로 치우친 생각을 뜻하는 한자어입니다. 한쪽으로 생각이 치우치면 공정하지 못한 판단과 행동을 할 때가 많지요. 앞서 이야기한 히틀러의 경우처럼 유대인은 나쁜 민족성을 가졌다는 편견이 엄청난 대학살을 일으켰잖아요. 이런 편견은 피부색에 따라 인종을 나누고 우월성을 주장하는 사람들에게도 흔히 나타납니다. 여성이라는 이유로 사회 활동에 제약을 주는 것도 마찬가지고요. 편견은 인종 차별, 성차별 등으로 자주 나타나는데 평화를 해치는 큰 원인이 되곤 했습니다.

편견과 비슷한 말로 선입견先入見도 있습니다. 선입견은 꼼꼼히 따져 생각하는 것이 아니라 미리 마음속에 든 생각대로 여기는 것입니다. 사람들은 첫인상을 중요하게 여기곤 하는데 첫인상은 말 그대로 첫인상일 뿐이지요. 그 사람을 제대로 평가하기에 첫인상은 부족하고 위험한 조건입니다. 사람이 사람을 함부로 평가해서도 안 되겠지만 그저 마음속 느낌만으로 섣부른 평가를 하는 것은 더욱 위험한 행동입니다. 편견과 선입견은 늘 멀리하도록 하세요.

見과 관련된 한자어

偏見(편견) 한쪽으로 치우쳐 공정하지 못한 생각.

先入見(선입견) 실제 경험하거나 제대로 생각해 보지 않고 미리 마음에 든 생각대로 보고 생각하는 것.

見解(견해) 보고 깨닫는 것이며, 자신의 의견으로 사물을 이해하는 것.

意見(의견) 마음으로 생각하고 있는 것.

發見(발견) 새롭게 찾아내는 것.

見聞(견문) 보고 들어서 깨닫는 것.

參見(참견) 남의 일에 간섭하는 것.